PA RIS

INSIDER-TIPP
Deine
Abkürzung
ins Erleben!

Reisen mit MARCO POLO
Insider-Tipps

W0177355

MARCO POLO
TOP-HIGHLIGHTS

MUSÉE DU LOUVRE ⭐3

Im weitläufigsten Museum der Welt kannst du Wochen mit Schauen und Staunen verbringen

📷 *Tipp: Sehr fotogen ist nicht nur die Glaspyramide draußen, sondern auch die umgedrehte Pyramide im Carrousel du Louvre*

➤ S. 33

EIFFELTURM (TOUR EIFFEL) ⭐1

Erst wenn du das Wahrzeichen der Stadt gesehen hat, bist du wirklich in Paris angekommen

📷 *Tipp: Die stählerne Dame lichtest du am besten vom Trocadero auf der anderen Seine-Seite ab*

➤ S. 44

MUSÉE D'ORSAY ⭐4

Beeindruckende Werke der Impressionisten in einem glanzvollen Belle-Époque-Bahnhof

📷 *Tipp: Lichte Paris ab durch die beiden riesigen Uhren, die den Blick nach draußen freigeben*

➤ S. 46

ARC DE TRIOMPHE ⭐2

Vom zweiten Wahrzeichen der Stadt aus kannst du die Champs-Élysées und gleich elf weitere Avenuen überblicken

📷 *Tipp: Bevor es wieder runter geht, fotografiere von der Wandeltreppe den Blick nach unten*

➤ S. 47

PLACE DES VOSGES ⭐5

Der bezaubernde alte Königsplatz liegt mitten im lebendigen Marais-Viertel

➤ S. 37

ÎLE DE LA CITÉ ⭐6

Die Seine-Insel mit ihren schicken Läden und Cafés verführt – wie die benachbarte Île Saint-Louis – zum Bummeln

➤ S. 30

VERSAILLES ⭐9

Ein Besuch beim Sonnenkönig ist ein Muss. Das riesige Schloss – nur eine halbe Stunde von Paris – ist von einem herrlichen Park umgeben, in dem du picknicken, Rad fahren und rudern kannst (Foto)

➤ S. 68

JARDIN DU LUXEMBOURG ⭐7

Der viel besungene Park im Herzen der Stadt lädt zum Entspannen während eines Spaziergangs ein

➤ S. 44

MONTMARTRE ⭐10

Die Metropole wird gekrönt von der blendend weißen Basilika Sacré-Cœur, die auf dem Hügel der Künstler steht
📷 *Tipp: Einen super Blick auf Hügel und Basilika hast du vom Centre Pompidou im Stadtzentrum*

➤ S. 61, 135

NOTRE-DAME ⭐8

Die weltberühmte Kathedrale wurde bei einem Brand im Frühjahr 2019 schwer beschädigt. Bis 2024 soll sie nach dem Willen von Präsident Emmanuel Macron wieder in altem Glanz erstrahlen

➤ S. 39

INHALT

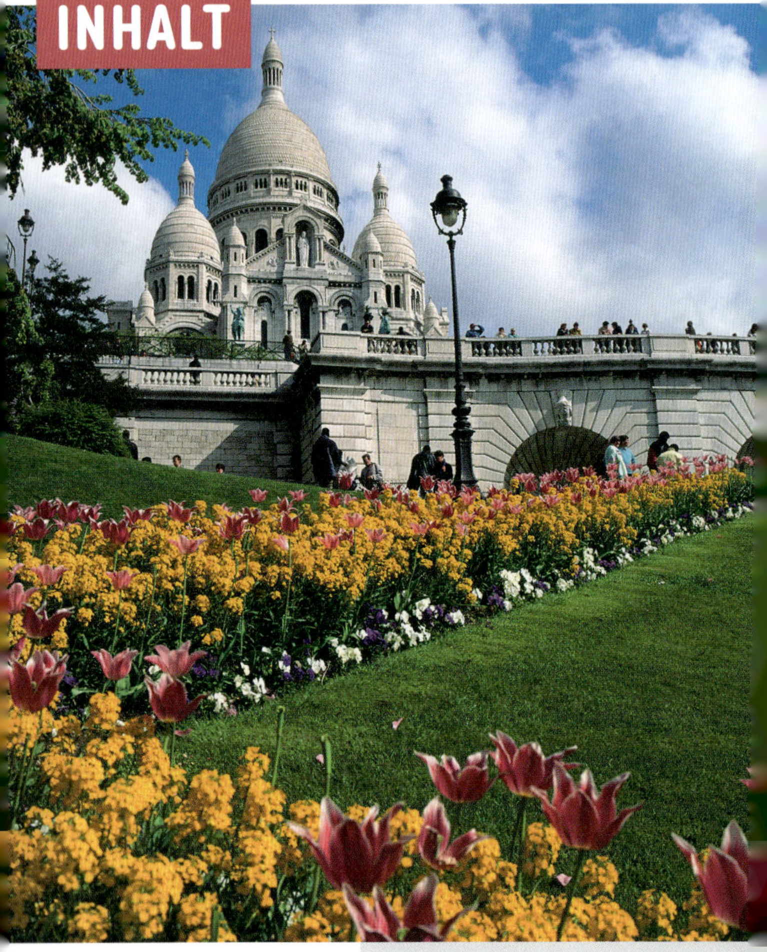

⏱	Besuch planen	🦩	Bei Regen
€–€€€	Preiskategorien	🐽	Low-Budget
(*)	Kostenpflichtige Telefonnummer	👫	Mit Kindern
		🚩	Typisch

(📖 A2) Herausnehmbare Faltkarte
(0) Außerhalb des Faltkartenausschnitts

DAS BESTE ZUERST

Eiffelturm

BEST OF ☂

BEI REGEN

SCHÖN, AUCH WENN ES REGNET

ÜBERDACHT EINKAUFEN

Es gibt zahlreiche Kaufhäuser und überdachte Passagen, in denen du einen Regenguss nutzen kannst, um deine Reisemitbringsel zu besorgen. Architektonisch spannend wird es dazu im *Carrousel du Louvre*, wo die Läden auch sonntags geöffnet haben
➤ S. 34

FÜR BÜCHERWÜRMER UND NACHTEULEN

CDs, Bücher, DVDs – da sollte man sich Zeit zum Stöbern nehmen. Der Laden, in dem das geht und der außerdem bis nach 22 Uhr geöffnet ist, liegt an den Champs-Élysées und heißt *Fnac*
➤ S. 92

MUSEUM DER FERNEN KULTUREN

Die Musts der reichhaltigen Museumslandschaft hast du abgeklappert? Warst du denn auch schon im *Musée du Quai Branly – Jacques Chirac?* Hier kannst du locker ein paar Stunden verbringen
➤ S. 44

WO SCHON DER ADEL WARTETE

Überbrücke die Zeit bis zum nächsten Sonnenstrahl in Gold und Prunk, im schönsten Bahnhofsrestaurant der Welt, dem *Le Train Bleu* (Foto). Du brauchst dort nicht essen zu gehen, sondern kannst in bequemen Ledersesseln die ganze Pracht auf dich wirken lassen
➤ S. 79

AB IN DEN UNTERGRUND

Die „Unterwelt" in Paris ist umfangreich. Nicht nur für Métro und Kanalisation wurden dort Wege gebahnt, sondern auch für die *Katakomben*, ein über 300 km langes Gängesystem für die Toten
➤ S. 56

BEST OF
LOW-BUDGET
FÜR DEN KLEINEN GELDBEUTEL

ORGELKONZERT FOR FREE

In einigen Kirchen werden regelmäßig kostenlose Konzerte angeboten. Wenn etwa der Klang der Orgel die Kirche *Saint-Eustache* neben dem Forum des Halles erfüllt, dann ist das ein echtes Erlebnis – optisch wie akustisch
➤ S. 40

KUNST MUSS NICHT TEUER SEIN

Auch das gibt es in Paris: In einigen Museen zahlt man keinen Eintritt. Sehr empfehlenswert ist die Dauerausstellung des Museums für Moderne Kunst – *Musée d'Art Moderne de La Ville de Paris*
➤ S. 59

BÄRENHUNGER, ABER KNAPP BEI KASSE?

Kein Grund zur Verzweiflung! Thomas und Romain verraten auf ihrer Internetseite Pariser Restaurants, in denen du so um die 10 Euro für ein Menü bezahlst. Alle Adressen werden von den beiden höchstpersönlich auf ihre Qualität überprüft. Aufgenommen werden nur Restaurants, in denen man für sein Geld hausgemachte Gerichte mit frischen, regionalen Zutaten bekommt. *lespetitestables.com*

JUNG SEIN LOHNT SICH

Das kulturelle Angebot ist für junge Leute oft kostenlos. Warum Geld in Theaterkarten stecken, wenn du Vorstellungen, wie z. B. in der *Comédie Française*, an bestimmten Tagen gratis besuchen kannst?
➤ S. 114

SKATERS PARADISE

Hey, warum nicht Paris auf Inlinern entdecken? Zu viel Verkehr? Kein Problem: Jeden Freitagabend haben Inlineskater in Paris Vorfahrt, und das auf einer Strecke von 30 km. Los geht's um 22 Uhr am Bahnhof Montparnasse (Foto)
➤ S. 119

BEST OF
MIT KINDERN

SPANNENDES FÜR GROSS & KLEIN

MICKEY GEGEN ASTERIX
Freizeitparks gibt es in Paris und Umgebung so einige. Ihr müsst euch nur entscheiden, ob es ins *Disneyland* (Foto), den *Parque d' Asterix* oder doch lieber in den *Jardin d'Acclimatation* gehen soll
➤ S. 65, 60

KANALFAHRT MIT KRÖNENDEM ABSCHLUSS
Von der Seine über den Canal Saint-Martin und den Canal de l'Ourcq gemütlich zum *Parc de la Villette* schippern. Dort warten Themengärten, Abenteuerspielplätze, ein Imax-Kino und das Wissenschaftsmuseum *Cité des Sciences et de l'Industrie*
➤ S. 64

SCHIFF AHOI!
Kindheit in Paris spielt sich zu einem großen Teil in den Parks und Grünanlagen der Stadt ab. Hier gibt es Klettergerüste, Karussells, Ponyreiten, und in einigen Parks können die Kids kleine Segelschiffe auf den Wasserbecken fahren lassen. Einer der bekanntesten Spots für das maritime Vergnügen ist der *Jardin du Luxembourg*
➤ S. 44

WAS FÜR EIN ZIRKUS!
Das 1852 von Napoleon eingeweihte Zirkusgebäude des *Cirque d'Hiver,* zu Deutsch Winterzirkus, ist heute eine echte Pariser Institution
➤ S. 115

VON LEBENDIG ÜBER AUSGESTOPFT BIS KNOCHIG
Superschön im *Jardin des Plantes* mit seinem Lehrgarten gelegen: das *Naturkundemuseum*. Bei schönem Wetter ist natürlich der Zoo der absolute Hit. Wenn es draußen ungemütlich ist, habt ihr die Wahl zwischen den Gewächshäusern, der Evolutionsgalerie und Dinosaurierknochen
➤ S. 43

BEST OF

TYPISCH

DAS ERLEBST DU NUR HIER

GOURMET-MEKKA
Nirgendwo auf der Welt glänzen so viele Sterne und Hauben über Köchen und Küchen wie in Paris. Und doch sind Brasserien wie das *Bofinger* das gastronomische Herz der Stadt, bieten sie doch beste Qualität im herrlichen Ambiente
➤ S. 74

PASSAGEN – NOSTALGIE À LA FRANÇAISE
Paris definiert sich aus dem Glanz der Vergangenheit. Edle überdachte Einkaufsgalerien wie die *Galerie Vivienne* (Foto) sind schon Ende des 18. Jhs. entstanden und bis heute prägender Bestandteil der City
➤ S. 36

MULTIKULTI-GROSSSTADTFLAIR
Chinesen, Inder und Afrikaner aus allen Teilen des Kontinents – sie alle gestalten mit ihren Kulturen bestimmte Viertel der Stadt. Auf dem wuseligen

Marché Barbès herrscht eine kunterbunte Multikulti-Anarchie
➤ S. 100

LUXUS PUR
Paris ist für viele der Inbegriff von Luxusprodukten und steht deshalb für Champagner, Parfum und Mode. Ein Konzentrat davon findest du im „Triangle d'Or", im goldenen Dreieck um die *Rue du Faubourg Saint-Honoré*
➤ S. 97

MUSEUM HOCH DREI
Neben dem Louvre, dem weitläufigsten Museum der Welt, weist das Centre Pompidou die größte Sammlung moderner Kunst in Europa auf. Das Museum, das Paris am meisten widerspiegelt, ist aber das *Musée d'Orsay* mit seiner Sammlung französischer Impressionisten
➤ S. 46

SO TICKT PARIS

Place de la Concorde

ENTDECKE PARIS

Beinahe dörfliche Atmosphäre: Straßencafés und Bildermaler an der Place du Tertre

Paris war schon immer eine Metropole der Superlative, schneller, schöner, größer, glänzender als andere. Es genügt schon, an einem Dezemberabend den dann von mehreren Hunderttausend Glühbirnen erleuchteten, 2,5 km langen Prachtboulevard Champs-Élysées entlangzuschlendern oder in dem quirligen Studenten- und Vergnügungsviertel Saint-Germain-des-Prés von einem Straßencafé aus das bunte Treiben zu beobachten, um vom Virus dieser Stadt angesteckt zu werden.

LINKS UND RECHTS DER SEINE

Paris besteht insgesamt aus 20 Bezirken, Arrondissements genannt, die schneckenförmig um das 1. Arrondissement im Herzen der Stadt angeordnet sind. Mit der Nummer eines Arrondissements verbinden die Pariser ganz bestimmte Kli-

3. Jh. v. Chr.
Ansiedlung der Parisii auf der Île de la Cité

360
Lutetia wird in Paris umbenannt

1257
Gründung der Universität La Sorbonne

1345
Die Kathedrale Notre-Dame ist nach gut 180 Jahren Bauzeit endlich fertig

1789
Mit dem Sturm auf die Bastille am 14. Juli beginnt die Französische Revolution

1871
Proklamation des Deutschen Kaiserreichs in Versailles

schees. So steht das 16. Arrondissement zum Beispiel für Bürgertum, während das 11. die Coolness in Person ist. In welchem Bezirk du dich gerade befindest, steht praktischerweise auf den Straßenschildern. Welches Klischee den einzelnen Vierteln zuzuordnen ist, wirst du schnell selbst erkennen. Mit 105,4 km² umfasst Paris weniger als ein Achtel der Fläche von Berlin. Viele Entfernungen lassen sich daher bequem zu Fuß oder mit dem Fahrrad zurücklegen. Die Seine teilt die Stadt in *rive gauche* im Süden und *rive droite* im Norden. Eine gesellschaftliche Trennlinie verläuft zwischen den gutbürgerlichen Bezirken im Westen und den weniger wohlhabenden Stadtteilen im Osten.

AUS DER VOGELPERSPEKTIVE

Einen ersten Überblick kannst du dir beispielsweise von der Aussichtsplattform in der sechsten Etage des Centre Georges Pompidou verschaffen. Du bist hier mitten im Zentrum von Paris und hoch genug, um das ganze Häusermeer zu überblicken. Die Stadt liegt wie ein offenes Geschichtsbuch unter dir. Zu deinen Füßen treibt das knallige Mobile des Strawinsky-Brunnens ein Wasserspiel an. Weiter oben rücken die Türme der berühmten Kathedrale Notre-Dame in dein Blickfeld. Sie steht auf der Île de la Cité, der eigentlichen Keimzelle der Stadt, auf der sich im 3. Jh. v. Chr. die Parisii ansiedelten. Ein bisschen weiter vorne sind die trutzigen Türme des ehemaligen Gefängnisses Conciergerie zu erkennen. Noch weiter vorn, leicht rechts, erstreckt sich der riesige Komplex des Louvre, des einstigen Königsschlosses, das heute das größte Museum der Welt beherbergt.

1889
Die Weltausstellung beschert Paris den Eiffelturm

1940–44
Deutsche Besatzung

1989
Einweihung der Glaspyramide im Innenhof des Louvre

2007
Beginn der Fahrradära mit Einführung der Leihräder 'Vélib'

2016
Paris wird mit 130 Anrainerstädten zur „Métropole du Grand Paris"

2024
Zum dritten Mal Austragung der Olympischen Sommerspiele

Rechts hinten funkelt die goldene Kuppel des Invalidendoms, in dem Napoleon seine letzte Ruhestätte gefunden hat. Nicht weit davon entfernt ragt das Symbol der Stadt, der Eiffelturm, in die Höhe. Ganz rechts endlich, weit im Westen, erheben sich die Wolkenkratzer von La Défense, der größten Bürostadt Europas. Schau noch weiter nach rechts, nach Norden – dort krönt die weiß blendende Kirche Sacré-Cœur den höchsten Punkt des einstigen Künstlerhügels Montmartre.

DAS HERZ DES ZENTRALISMUS

Seit vielen Jahrhunderten ist Paris lebendiger politischer, wirtschaftlicher und kultureller Mittelpunkt Frankreichs und eine der großen Metropolen dieser Welt. Zumeist Sitz des Königs und der Regierung, war die Stadt mit ihren zahlreichen Hochschulen seit dem Mittelalter ein geistiges Zentrum Europas, Schaffensstätte unzähliger Künstler, Schriftsteller und Architekten und immer auch Quell der Unruhe, von Aufständen. Paris war Schauplatz vieler Revolutionen. Die eine, große, von 1789 wurde mit ihrer Losung „Freiheit, Gleichheit, Brüderlichkeit" sogar zum Symbol des Kampfs gegen die Unterdrückung, obwohl die erkämpften Rechte vor allem dem Bürgertum, nicht aber den unteren Volksschichten zugute kamen. Die Französische Revolution wurde dennoch zum Fanal für die Freiheitsbewegungen vieler Länder. Streiks und Demonstrationen gibt es in Paris noch heute häufig, und auch wenn sie keine weltgeschichtlichen Auswirkungen mehr haben, so fürchtet sich doch jede französische Regierung vor der Mobilisierung der Straße.

VON SCHICKIMICKI BIS STREETART

Was macht nun eigentlich das besondere Flair aus? Für die einen sind es die großen Boulevards, auf denen sich wunderbar flanieren lässt. Andere bummeln durch die Rue du Faubourg Saint-Honoré mit ihren Luxusboutiquen oder kaufen in weltberühmten Kaufhäusern wie den Galeries Lafayette oder Printemps ein, die sich besonders im Dezember mit ungewöhnlichen Dekorationen inszenieren. Wieder andere erkunden die schier unglaubliche Vielzahl der Museen von Weltruf, schlendern an der Seine entlang, sitzen in einem Straßencafé oder in einem der vielen Parks, picknicken am Canal Saint-Martin oder lassen sich einfach treiben. Auch das alte, das kleinstädtische, oft dörfliche, ungeschminkte Paris gibt es noch immer. Hübsche Gassen, windschiefe, niedrige Häuser mit kleinen Cafés oder gemütlichen Restaurants, Geschäfte mit ihren bunten Auslagen, vor denen geplauscht wird, die Hektik, wenn frische Ware angeliefert wird, oder die faszinierenden Märkte mit ihren bunten Lebensmittelauslagen aus Obst, Gemüse, vielerlei Käse, Wurst, Fleisch, Fisch und Meeresfrüchten, Pasteten und Gebäck, deren Händler ihre Ware oft lauthals anpreisen. Dieses volkstümliche, einfache Paris findest du im Nordosten der Stadt. In Belleville zum Beispiel, wo viele Immigranten, aber auch Künstler und junge Familien leben, da der

In Belleville leben junge Leute, Immigranten – und Künstler: Graffiti an der Rue Denoyez

Wohnraum noch bezahlbar ist. Kunst gibt es hier kostenlos und unter freiem Himmel: Die Rue Denoyez ist *der* Spot für Graffiti- und Streetartkünstler, die Farbe in das Grau des Arbeiterviertels bringen. Versteckt hinter den modernen Häuserblöcken lassen Gässchen wie die Villa de l'Ermitage und die Cité Leroy mit ihren winzigen Häusern erahnen, wie es hier im 19. Jh. aussah. Auch der innerstädtische Hügel Butte aux Cailles hat teilweise den Charme des Alten bewahrt und zieht mit seinen Bistrots und günstigen Restaurants das junge Paris an.

EINST KÜNSTLERMETROPOLE

Es ist kein Zufall, dass wichtige Strömungen der Malerei wie Impressionismus oder Kubismus gerade hier ihren Anfang nahmen. Maler wie Auguste Renoir, Vincent van Gogh und Pablo Picasso, Schriftsteller wie Heinrich Heine, Voltaire, Victor Hugo, Honoré de Balzac, Charles Baudelaire, Marcel Proust, Ernest Hemingway und Jean-Paul Sartre lebten und arbeiteten hier. Die Künstler trafen sich in heute berühmten Cafés und Brasserien links der Seine, *rive gauche*. Dort, rund um die Universität Sorbonne, liegt seit jeher das geistige Zentrum der Stadt. Die meisten dieser Treffpunkte wie das Café de Flore oder das Existenzialistendomizil Les Deux Magots im Viertel Saint-Germain-des-Prés und die Closerie des Lilas im einstigen Künstlerviertel Montparnasse existieren immer noch. Doch heute sind diese Lokale willkommene Ruhezonen vor allem für Touristen und Gutbetuchte. Für arme Poeten und brotlose Künstler sind sie längst zu teuer geworden, so wie die gesamte, an Attraktionen so reiche Metropole.

MULTIKULTI

Paris bestand schon immer aus einem bunten Gemisch von Menschen verschiedener Herkunft. Früher waren dies Bretonen, Auvergnaten, Elsässer und Basken, die auf der Suche nach einem besseren Leben kamen und die Stadt bereicherten, die Elsässer etwa mit ihren Brasserien. Später kamen Afrikaner, die heute an der Goutte d'Or täglich einen herrlich bunten Markt abhalten, oder die Chinesen, die um die Place d'Italie wohnen, dort ihre Märkte, Geschäfte und Restaurants eröffnet haben. Paris , eine Stadt, die in der Vergangenheit politisch Verfolgte, Revolutionäre wie Karl Marx oder Leo Trotzki, aber auch Flüchtlinge vor der Nazidiktatur aufgenommen hat, zeigt heute ein anderes Gesicht: Seit Ausbruch der Flüchtlingskrise in Europa 2015 hausen Tausende Migranten unter katastrophalen Bedingungen unter der Straße oder in notdürftig improvisierten Zeltlagern unweit des Zentrums.

UNERSCHWINGLICH

Die kapriziöse Schöne, die über Jahrhunderte Platz für alle gesellschaftlichen Schichten bot, ist zunehmend zu einer Kapitale der Wohlhabenden geworden. Ein Cappuccino kostet leicht mehr als 5 Euro, ein Abendessen mit Wein schnell 60 Euro und mehr. Eine gesetzliche Mietobergrenze soll zumindest den Wohnraum wieder erschwinglich machen. Dies verbessert jedoch nicht den schlechten Zustand vieler Bleiben. Hinter den edel verzierten Fassaden führen oft ehemalige Dienstbotenaufgänge zu schäbigen *chambres de bonne* (Dienstmädchenzimmern) unter dem Dach, in denen Studenten und weniger gut Betuchte hausen. Bemüht, die Wohnsituation zu verbessern und eine weitere Ghettoisierung zu vermeiden, kauft die Stadt Immobilien in den schicken Vierteln im Zentrum auf, um sie zu renovieren und Sozialwohnungen einzurichten.

GROSS-PARIS

Ehrgeizige Vorhaben sollen die Stadt wieder lebenswerter machen. Das aktuelle Großprojekt heißt Le Grand Paris. Die zu eng gewordene Museumsstadt hat ihre Arme geöffnet, um sich mit den Vorstädten zusammenzuschließen. Was Napoleon III. 1860 mit der Eingliederung von Montmartre, Belleville und neun anderen angrenzenden Gemeinden begann, wird nun weitergeführt: Seit 2016 formt Paris mit 130 Anrainerstädten die Métropole du Grand Paris, in der rund 7 Mio. Menschen leben. Um nicht im Verkehrschaos zu ersticken, sind bedeutende Infrastrukturmaßnahmen verabschiedet worden. Bis 2030 sollen zu den 14 bestehenden Métrolinien vier weitere hinzukommen, um Paris mit den umliegenden Kommunen zu verbinden. Im Hochhausviertel La Défense wird derweilen fleißig weiter gebaut, und auch am Rand der inneren Ringautobahn werden, zum Unmut vieler Pariser, Wolkenkratzer hochgezogen. Das erklärte Ziel ist kein geringeres, als den Rang als Welthauptstadt – neben Megacitys wie London, Tokio oder New York – zu verteidigen.

AUF EINEN BLICK

2,2 MIO.
Einwohner „intra muros",
7 Mio. in „Le Grand Paris"

Berlin: 3,7 Mio.

9
3-Sterne-Restaurants

Deutschland: 10

674
Stufen bis zur 2. Etage des
Eiffelturms, 1665 bis zur Spitze

Hamburger Michel: 452 Stufen

105 km^2
Fläche „intra muros"

Berlin: 892 km^2

**LÄNGSTE STRASSE:
RUE DE VAUGIRARD**

4.360M

Kürzeste Straße: Rue
Degrès mit 5,75 m

MONA LISA

15.000

**MENSCHEN AM TAG
BEWUNDERN DAS
BILD IM LOUVRE**

GARE DU NORD

207 MIO.

**PASSAGIERE
STEIGEN IM JAHR
EIN UND AUS**

2 UNESCO-WELTERBESTÄTTEN

Seine-Ufer zwischen Pont de Sully und Pont d'Iéna,
Versailles

1.119

Personen wurden während der
Französischen Revolution auf der Place
de la Concorde enthauptet

ÄLTESTER BAUM
Eine 1601 gepflanzte Robinie
im Square René Viviani

**90.000
TAUBEN LEBEN IN PARIS**
BERLIN: 10.000

PARIS VERSTEHEN

PARIS 2014

Nach drei Körben des Internationalen Olympischen Komitees schwebt Paris derzeit auf Wolke 2024. Genau hundert Jahre, nachdem die Stadt das letzte Mal Olympiagastgeber war, finden die Sommerspiele wieder an der Seine statt. Seit der Bekanntgabe wird eine Großbaustelle nach der nächsten eröffnet, auch wenn es 95 Prozent der benötigten Infrastruktur bereits gibt. Klar, die Stadt will sich herausputzen, und da wird nicht nur an den zukünftigen Spielstätten, wie zum Beispiel dem Grand Palais, gewerkelt, auch die Befreiung des Tour Montparnasse von seinem toxischen Asbestkleid ist bis 2024 angepeilt.

Das sportliche Ereignis soll auch die Pariser zu mehr körperlicher Betätigung motivieren. Ziel ist es, dass jeder Pariser im Umkreis von 5 Minuten einen Sportplatz hat. Wie das gehen soll? Ganz einfach: Die Stadt lässt fleißig öffentliche Fitnessgeräte aufstellen. Der längste Fitnessparcours ist mit 5 km der zwischen Métro Nation im 12. und Métro Stalingrad im 10. Arrondissement. Die Ausrede, das Fitnessstudio sei zu teuer, zieht in der künftigen Olympiastadt nicht mehr.

DREHORT PARIS

⚑ Paris und das Kino, das ist eine lange Geschichte, die 1895 mit der ersten öffentlichen Filmvorführung der Brüder Lumière beginnt. Seitdem wurde Paris in unzähligen Filmen verewigt. An die 900 Filmdrehs verzeichnet die Stadt pro Jahr. Filme wie „Die fabelhafte Welt der Amélie", Woody Allens „Midnight in Paris" oder „Ziemlich beste Freunde" sind dir bestimmt ein Begriff. Wenn du Paris auf den Spuren der Filmgeschichte entdecken möchtest, dann wende dich an Juliette Dubois von *Ciné-Balade (cine-bala de.com)*. Die Kinospezialistin hat viele Anekdoten auf Lager, die sie dir auch gerne auf Englisch erzählt. Wenn du auf eigene Faust losziehen willst, findest du auf der Seite *Paris fait son cinéma (parisfaitsoncinema.com)* eine Sammlung von Adressen, die Kinogeschichte geschrieben haben.

DURST?

Vieles ist in Paris teurer als andernorts. Von einem aber bekommst du, so viel du willst, und das 🐷 völlig umsonst: Wasser. Die Pariser sind stolz auf die gute Qualität ihres Leitungswassers. Im Restaurant kannst du zum Essen kostenlos eine Wasserkaraffe *(carafe d'eau)* bestellen. Das macht man hier so. Unterwegs findest du an vielen Orten öffentliche Trinkbrunnen. Am bekanntesten: die *Fontaine Wallace*. Vier Grazien, die eine mit Delfinen verzierte Kuppel tragen. Ja, das Wasser, das in der Mitte fließt, kannst du wirklich trinken. Warum Wallace? Weil die Brunnen nach dem Deutsch-Französischen Krieg 1872 von einem Engländer namens Richard Wallace in Auftrag gegeben und der Stadt gespendet wurden. Noch heute gibt es in Paris über hundert dieser grünen, gussei-

„Die fabelhafte Welt der Amélie": Das Café des Deux Moulins war einer der Drehorte

sernen Trinkbrunnen im Renaissancestil. Auch in Parks und außen an den öffentlichen Toiletten findest du Wasserhähne mit Trinkwasser. An neun Trinkbrunnen bekommst du sogar Wasser mit Kohlensäure *(eau pétillante)*. Ja, du hast richtig gelesen, ★ kostenloser Sprudel für alle. Die Adressen sämtlicher Trinkbrunnen findest du unter *eaudeparis.fr/carte-des-fontaines*.

INSIDER-TIPP
Brunnensprudel aus Sprudelbrunnen

SO BIOTIFUL

Lange ist Frankreich in Sachen Umweltbewusstsein hinterhergehinkt. Nun wird aufgeholt. Paris ist voll im Biofieber. Über 50 Filialen hat allein die Supermarktkette *bio c' bon (bio-c-bon.eu)* in den letzten paar Jahren im Pariser Großraum eröffnet. Insbesondere im Nordosten der Stadt, wo der Bourgeois-Bohème, kurz Bobo, mit seiner Familie in einer zum Loft umgebauten ehemaligen Fabrik wohnt und sein kleiner Bruder, der Hipster, auf dem Fixie unterwegs ist, öffnet fast wöchentlich ein neuer Spot. Ob Kosmetik *(mademoiselle-bio.com)*, Mode *(ekyog.com)* oder schnelles Essen *(bioburger.fr)* – Hauptsache bio. Auf der Website „Paris so Biotiful – le green city guide" *(parisobiotiful.com)* findest du mehrere Hundert Adressen der wachsenden Pariser Bioszene.

MÉTROSTATIONEN

Seit 1900 gibt es in Paris eine Métro. Mit ihren über 300 Stationen hat die Stadt eines der dichtesten U-Bahn-Netze der Welt. Es soll keine Station geben, die mehr als 500 m von der nächsten entfernt liegt. Die berühmten schmiedeeisernen Eingänge des Jugendstilkünstlers Hector Guimard (1867–1942) sind aus dem Stadtbild nicht wegzudenken. Besonders schön ist der arabesk verschnörkelte *bouche du métro* (Mund der Métro) der Station *Porte Dauphine*. Hier und da wachsen Blüten in Form von roten Lampen aus dem kunstvoll verschnörkelten Gestänge. Eine moderne Antwort auf die an die 80 noch existierenden Guimard-Eingänge gibt der Glaskünstler Jean-Michel Othoniel mit seinem „kiosque des noctambules", dem „Pavillon der Nachtschwärmer", der an der Station *Palais Royal-Musée du Louvre* mit farbenfrohen Kugeln aus Muranoglas den Platz vor der Comedie Française schmückt. Unten in der Station zum Louvre weisen geschmackvoll beleuchtete Statuen den Weg ins größte Museum der Welt. Als eine der schönsten Stationen gilt *Arts et Métiers*, die ganz mit Kupferplatten ausgekleidet ist und in der riesige Zahnräder an die Zeit der Dampfmaschine erinnern. Ein Wandgemälde in der Station *Bastille* erinnert an die wechselhafte Geschichte des Orts. Die Station *Cluny-Sorbonne* wurde von Jean René Bazaine mit wunderschönen Mosaiken verziert. An ihrer Decke sind die Namen berühmter ehemaliger Studenten der nahen Universität Sorbonne verewigt.

AUTOFREI

Paris erstickt im Verkehr. Nicht nur die Ringautobahn Boulevard Périphérique ist notorisch verstopft. Auch im

Blütenbäume aus Schmiedeeisen: der Jugendstil-Eingang zur Métrostation Saint-Michel

Stadtinnern geht nichts mehr. Immer wenn der Heißluftballon über dem Parc Citroën mal wieder seine Farbe auf Rot wechselt, wird die Luft in der Metropole so schmutzig, dass es erhebliche gesundheitliche Folgen haben kann. Kein Wunder, dass Bürgermeisterin Anne Hidalgo das Auto aus der Innenstadt verbannen möchte.

Schritt für Schritt sollen nicht nur die zentralen Viertel von unnötigem Autoverkehr befreit werden, bis 2024 sollen auch alle mit Diesel betriebenen Fahrzeuge verbannt werden, bis 2030 auch die Benziner. Eine Alternative zum Auto stellen Leihfahrräder, E-Tretoder E-Motorroller (s. S. 149) dar.

Einen Beitrag zu sauberer Luft leisten außerdem die sonntäglichen Sperrungen einzelner Straßen und Stadtviertel – wie z. B. des Marais, der Uferstraßen des Canal Saint-Martin oder der Champs-Élysées (an einem Sonntag im Monat!) – für den Autoverkehr. Zudem wurde ein autofreier Tag im Jahr eingeführt (*parissansvoiture. fr*). Ganzjährig verbannt wurden die Autos von der linken Seine-Seite zwischen Musée du Quai Branly – Jacques Chirac und Musée d'Orsay. Auf 2,3 km Länge finden Sie hier nun schwimmende Gärten, Bars, Restaurants, Sportgeräte und Spiele für Groß und Klein. Die Sperrung eines weiteren Abschnitts der Schnellstraßen zwischen dem Pont Neuf und dem Bassin de l'Arsenal lässt die Anwohner jubeln und die Autofahrer murren.

PARIS BLEIBT EIN FEST

Paris ist bekannt für seine vollen Cafés, Restaurants und Konzertsäle. Nach

KLISCHEE KISTE

VON WEGEN STADT DER LIEBE!

Paare aus der ganzen Welt feiern ihre Liebe in Paris. Was sie nicht ahnen: Zu hoch dosiert kann die Schöne an der Seine toxisch wirken. Unter den Parisern hat sich die Gefahr mittlerweile herumgesprochen. Viele, die die große Liebe gefunden haben, verlassen Paris fluchtartig. In einem Einfamilienhaus fernab jeglicher Versuchung hoffen sie, der gigantischen Scheidungsrate der Stadt entrinnen zu können.

FRANZÖSISCH EINPARKEN

Hast du es schon mal auf Französisch probiert? In Paris ist diese Technik weit verbreitet: vor, zurück, vor, zurück. Mit gekonnter Stoßstangenarbeit schieben die Pariser einfühlsam parkende Autos so zurecht, bis ihr Wagen in der viel zu kleinen Parklücke steht. Wenn du nicht willst, dass dein Auto angebaggert wird, reise lieber mit dem Zug an!

STREIK = CHAOS

In Frankreich wird oft gestreikt, das stimmt. Nun glaub' aber nicht, dass Paris deswegen regelmäßig im Chaos versinkt. Nur ausländische Kamerateams halten vergeblich nach verzweifelten Menschen Ausschau. Die Pariser haben sich längst anders organisiert: Homeoffice, Urlaubstag, per Rad ins Büro.

Afrika im 18. Arrondissement: Fischhändler auf dem Marché du Château Rouge

den Terroranschlägen vom 13. Nov. 2015 sind diese Orte verwaist, könnte man meinen – aber das Gegenteil ist der Fall. *Fluctuat nec mergitur:* Sie schwankt, aber geht nicht unter. So der Wahlspruch der Stadt. Mit trotzig entschlossener Miene saßen viele Pariser schon wenige Tage nach den Anschlägen wieder auf den Terrassen der Cafés. Solidarische Weltenbummler gesellten sich zu ihnen. Das Essen oder das Glas Wein im Freien wurde zum Statement für die Werte der Französischen Republik: Freiheit, Gleichheit und Brüderlichkeit.

Als die von den Anschlägen getroffenen Restaurants und Cafés langsam wieder öffneten, kam der damalige UN-Generalsekretär Ban Ki-moon höchstpersönlich auf eine Tasse Kaffee mit der Pariser Bürgermeisterin vorbei. Auch im Konzertsaal *Le Bataclan* (s. S. 111) wird längst wieder gefeiert. Alles natürlich unter höchsten Sicherheitsvorkehrungen. „Plan Vigipirate"

heißt der Maßnahmenkatalog, mit dem die französische Regierung versucht, Terroranschlägen vorzubeugen. Konkret heißt das: Taschenkontrollen und verstärkte Präsenz von Polizei, Militär und Securities. Wie am Flughafen wird man vor dem Betreten so mancher Bar durchsucht und muss seine Wasserflasche leeren. Und das nach stundenlangem Schlangestehen, denn – du hast es verstanden – die Pariser feiern weiter. Das mulmige Gefühl, das einen beim Anblick der mit Maschinengewehren bewaffneten Soldaten überkommt, wird weggetanzt.

BERLINRAUSCH

Friedrich der Große sagte einst, er habe nicht die törichte Anmaßung zu meinen, Berlin könne Paris aufwiegen. Tja, da hat er sich getäuscht. Heute rebellieren die jungen Pariser gegen die historische Schwere ihrer Stadt. Viele kommen begeistert aus Berlin zurück und versuchen, Paris etwas von der kreativen Schwerelosigkeit der deutschen Hauptstadt einzuhauchen. „Berlinons Paris", also „verberlinern wir Paris", nennt sich ein Kollektiv zur Förderung von elektronischer Musik und Urban Art. Industriebrachen werden vor ihrer Neubebauung spontan genutzt und von der Presse zu hippen Plätzen „à la berlinoise" hochgejubelt. Auch ohne große Werbung spricht sich – den sozialen Netzwerken sei Dank – in Windeseile herum, wo der neuste Spot gerade eröffnet hat. Anstatt in den nächsten Flieger nach Berlin zu steigen, trifft sich das coole Paris seit Neustem in abgewrackten Güterbahnhöfen mit Graffiti und Foodtrucks.

PARIS INTERNATIONAL

Das Flugticket für eine Fernreise war zu teuer, deswegen ist es diesmal nur eine Städtereise nach Paris geworden? Nicht schlimm, hier findest du die ganze Welt auf etwas mehr als 100 km². Hat der Pariser Lust auf Indien, geht er in die *Passage Brady*, wo sich ein indisches Restaurant ans nächste reiht. Hier und in der Rue du Faubourg Saint-Denis zwischen der Gare du Nord und La Chapelle bekommst du alles, was du von einer Indienreise mitgebracht hättest. Die *Rue Sainte-Anne* trägt zwar nach wie vor den Namen einer französischen Königin, ist aber seit Langem in fester Hand der Japaner. *Chinatown* wiederum liegt im 13. Arrondissement, und wenn du bei *Château Rouge* aus der Métro kommst, findest du dich in einem bunten Gewusel afrikanischer Straßenhändler wieder.

PICKNICK

Pariser sitzen gern draußen. Angesichts der vielfach hohen Preise haben in den letzten Jahren viele Einheimische, zunehmend aber auch Touristen, die Freuden eines Picknicks entdeckt, sobald die ersten Sonnenstrahlen locken. Der bekannteste Ort ist die Fußgängerbrücke *Pont des Arts* mit Blick auf Louvre und Île de la Cité. An warmen Abenden ist dort jedoch kaum noch ein Plätzchen frei. Ebenso wie in den Grünanlagen um den Eiffelturm. Noch beliebter sind aber vor allem nachmittags die sonnenbeschienenen Seine-Quais. Einzigartig ist die schattige westliche Inselspitze der *Île de la Cité,* speziell bei Sonnenuntergang. Dann ist es jedoch meist auch sehr voll. Für Romantiker und Tanzwütige bietet sich ein Picknick am Seine-Quai *Saint-Bernard* an (linke Seine-Seite, zwischen Île de la Cité und Austerlitz-Bahnhof). In kleinen Einbuchtungen kann man dort am frühen Abend direkt am Fluss 🐷 Tango oder Salsa tanzen (gratis).

Bis in den späten Abend hinein empfehlen sich Picknicks am *Canal Saint-Martin* (s. S. 53). An dem mit Bäumen gesäumten Wasserlauf mit seinen urigen Brücken und Schleusen breiten die Pariser ihre Decken aus, um Baguettes, Käse, Pasteten und Quiches zu verspeisen. Dazu gibt es Cidre, Wein oder Bier. Etwas weiter im Norden, am *Canal de l'Ourcq*, wird nicht nur gepicknickt, sondern auch Boule und seine skandinavische Entsprechung Mölkky gespielt. Ein preiswertes und geselliges Vergnügen in einer sehr pariserischen Atmosphäre.

SIGHT SEEING

Ob du vor allem die großen Sehenswürdigkeiten abhaken willst, Ausschau nach den schönsten Plätzen und den teuersten Läden hälst, in verwinkelten Gassen Alt-Pariser Charme suchst, durch angesagte Szeneviertel flanieren möchtest oder ob du lieber Ecken fernab der ausgetretenen Pfade entdeckst – was du aus deinem Paris-Aufenthalt machst, liegt ganz bei dir.
Um dir einen besseren Überblick zu gewähren, haben wir die Stadt in diesem Kapitel in sechs Gebiete eingeteilt, die das gesamte Stadtgebiet „intra muros" abdecken. Mit „Paris intra muros" bezeichnen

Kunsttempel: das Musée du Louvre

die Pariser die 20. Arrondissements innerhalb der Ringautobahn Boulevard Périphérique. Die Pariser denken sich ihre Stadt in den Nummern 1 bis 20. Auf die Frage, wo sich etwas befindet, antworten sie gerne mit einer Zahl. Damit du weißt, wo es langgeht, folgt die Einteilung der sechs Gebiete ebenfalls den Arrondissements. Such dir einfach die Spots heraus, die dich interessieren, und los geht's. Damit deine Stadterkundung nicht zur Stresstour wird, solltest du Pausen einplanen. Perfekt zum Luftholen: Parks, Grünanlagen und die zahlreichen Cafés.

CHAMPS-ÉLYSÉES BIS OPÉRA S. 47

„Sehen und gesehen werden"

Gare Saint-Lazare

Arc de Triomphe ★

Avenue Victor Hugo

Avenue des Champs-Élysées

Jardins du Trocadéro

Musée d'Orsay ★

Eiffelturm (Tour Eiffel) ★

Bois de Boulogne

Pompidou

Versailles ★

QUARTIER LATIN BIS EIFFELTURM S. 40

Geistiges Leben und repräsentativer Prunk

Gare Vaugirard

MARCO POLO HIGHLIGHTS

★ **MUSÉE PICASSO**
Ein prächtiger Adelspalast im Marais ist gerade gut genug für den Wahlfranzosen Pablo Picasso
➤ S. 36

★ **MUSÉE DU LOUVRE**
Glaspyramide, Renaissancepalast und ein Museum der Superlative
➤ S. 33

★ **MUSÉE D'ORSAY**
Ein Belle-Époque-Bahnhof als Bühne für die Impressionisten ➤ S. 46

★ **CENTRE POMPIDOU**
Moderne Kunst in einem futuristischen Röhrenbau
➤ S. 38

★ **ÎLE DE LA CITÉ**
Immer noch voller Leben: die Keimzelle der Stadt
➤ S. 30

★ **JARDIN DU LUXEMBOURG**
Prachtvoller Park mit einem Palais nach Florentiner Vorbild ➤ S. 44

★ **EIFFELTURM (TOUR EIFFEL)**
„La Dame en Fer" – die eiserne Dame
➤ S. 44

★ **PLACE DES VOSGES**
Der altehrwürdige Königsplatz ist einer der ältesten Plätze der Stadt
➤ S. 37

★ **NOTRE-DAME**
Vor den Flammen gerettet: Strebebögen, Portale und Wasserspeier
➤ S. 39

★ **VERSAILLES**
Vor den Stadttoren liegt der imposante Palast Ludwigs XIV. ➤ S. 68

★ **ARC DE TRIOMPHE**
Das Tor zu Ehren der napoleonischen Armee
➤ S. 47

MONTMARTRE BIS BELLEVILLE S. 61

Angesagte Künstler- und Wohnviertel

CANAL ST-MARTIN BIS BOIS DE VINCENNES S. 51

Multikulti, Hipster und Feiervolk

ÎLE DE LA CITÉ BIS MARAIS S. 30

Paris Centre, der historische Stadtkern

MONTPARNASSE BIS BOIS DE BOULOGNE S. 55

Chinatown und französisches Großbürgertum

Boulevard Ney

Pantin

Le Pré-Saint-Gervais

Gare du Nord

Rue la Fayette

Parc des Buttes-Chaumont

Les Lilas

Rue de Châteaudun

Gare de l'Est

Boulevard de la Villette

Musée du Louvre ★

Musée Picasso ★

Centre Pompidou ★

Île de la Cité ★

Notre-Dame ★

Place des Vosges ★

Boulevard Saint-Germain

Jardin du Luxembourg ★

Jardin des Plantes

Gare de Lyon

Saint-Mandé

Gare d'Austerlitz

Quai d'Auriol

Quai de Bercy

Bois de Vincennes

Charenton-le-Pont

Gentilly

Le Kremlin-Bicêtre

Ivry-sur-Seine

Arcueil

10 km
6.21 mi

Sitzt du erst mal in oder vor einem Café, mach es wie die Pariser und beobachte die vorbeieilenden Passanten, auch die können durchaus „sehenswert" sein.

In Paris gibt es weit über hundert Museen. Find dich also damit ab, dass es unmöglich ist, alle zu besichtigen, und triff eine Vorauswahl. Wenn du vor den teilweise sehr umfangreichen Sammlungen kapitulierst – allein im Louvre müsstest du 17 km zurücklegen, um alles zu sehen –, schau dir doch z. B. einen der vielen kleinen Stadtpaläste an, die oft wahre Schmuckkästchen sind. Beachte, dass die meisten städtischen Museen montags und die meisten staatlichen Museen dienstags geschlossen sind. Mit dem „Paris Museum Pass" (parismuseumpass.com) kannst du über 50 Museen und Sehenswürdigkeiten besichtigen (2 Tage: 48 Euro, 4 Tage:

62 Euro, 6 Tage: 74 Euro). Erhältlich beim Office du Tourisme (parisinfo. com), in den Fnac-Filialen sowie in vielen teilnehmenden Museen oder ganz einfach online.

Viele Museen gewähren am ersten Sonntag im Monat übrigens freien Eintritt, und einige Sehenswürdigkeiten können ganzjährig 🐦 kostenlos besichtigt werden. Wann welches Museum und welches Bauwerk nicht zur Kasse bittet, erfährst du auf der Website der Pariser Touristeninformation sogar auf Deutsch: short.travel/par1. Für Schüler, Studenten und Senioren gibt es darüber hinaus fast überall Ermäßigungen. So haben alle EU-Bürger unter 26 Jahren freien Eintritt in sämtliche nationalen Museen (musées nationaux) der Stadt: Teilweise kannst du die langen Schlangen an den Kassen vermeiden, indem du mit deinem Personalausweis direkt zum Eingang gehst. Erkundige dich vor Ort!

INSIDER-TIPP
Umsonst ins Museum

ÎLE DE LA CITÉ BIS MARAIS

Die ersten vier Arrondissements formen das Herz der Stadt. Die schneckenförmige Anordnung der Arrondissements beginnt im Westen der ⭐ Île de la Cité, auf der sich schon zur Römerzeit die ersten Be-

---

WOHIN ZUERST?

Paris ist groß, es gibt kein sogenanntes Zentrum. Um dir einen Überblick zu verschaffen, fährst du am besten mit der Métrolinie M 2 bis zur Station **Anvers** (🗺 L4). Sobald du ans Tageslicht gekommen bist, siehst du Sacré-Cœur vor dir. Jetzt musst du noch die Treppen erklimmen, und schon liegt dir Paris zu Füßen. Für die Erkundung der Île de la Cité und des Louvre ist der – allerdings recht unübersichtliche – Métro-/RER-Bahnhof **Châtelet-Les Halles** (🗺 M8) der beste Ausgangspunkt.

1.–4. ARRONDISSEMENT

9 Place Vendôme
10 Galerie Vivienne
11 La Gaîté Lyrique
7 Musée de l'Orangerie
Jardin des Tuileries
Carrousel du Louvre 5
8 Palais Royal & Jardin du Palais Royal
4 Musée du Louvre ★
16 Centre Pompidou ★
12 Musée Picasso ★
3 Pont Neuf
Hôtel de Ville & Place de l'Hôtel de Ville
17
Place du Marché Sainte-Cathérine
Conciergerie 2
Sainte-Chapelle 1 Île de la Cité ★
18 14 15 13
Place des Vosges ★
Maison Victor Hugo
19 Maison Européenne de la Photographie
Notre-Dame ★
Île Saint-Louis
Jardin du Luxembourg
1 km
0.62 mi

Boulevard Haussmann
Rue Réaumur
Rue de Turbigo
Ave. de la République
Blvd. de Strasbourg
Blvd. de Magenta
Boulevard Saint-Martin
Boulevard Voltaire
Quai Anatole France
Quai François Mitterrand
Boulevard Saint-Germain
Rue de Sèvres
Rue de Rennes
Rue Saint-Jacques
Rue Monge

---

wohner, der Stamm der Parisii, ansiedelten.

Das 1. Arrondissement zieht sich weiter am rechten Seine-Ufer über den „Bauch von Paris" (wie Émile Zola die einstigen Markthallen nannte) mit dem neu errichteten *Forum des Halles (forumdeshalles.com)*, den Louvre und die Tuilerien bis an die Place de la Concorde.

Das 2. Arrondissement ist das Viertel der Börse und der Geeks. In dem früheren Tuchmacherviertel um die Rue du Sentier wird heute kaum noch für die Haute Couture genäht. Unter dem Druck der billigeren Ware aus Asien verschwinden immer mehr Betriebe. Stattdessen erobern Internet-Start-ups das Viertel, das mittlerweile auch als „Silicon Sentier" bekannt ist. Zwischen Palais Royal und dem Boulevard Montmartre solltest du unbedingt einen Blick in die mehr oder weniger gut restaurierten Einkaufspassagen aus dem 19. Jh. werfen.

Danach geht's weiter ins Marais im 3. und 4. Arrondissement. Das Szeneviertel mit hippen Schwulenbars ist seit Anfang des 12. Jhs. ein Zentrum jüdischen Lebens. Das *Shoah-Memorial (memorialdelashoah.org)* und das *Museum für Kunst und Geschichte des Judentums (mahj.org)* dokumentieren das wechselhafte Schicksal der Juden auch in Frankreich. Besonders beindruckend: die vielen Adelspaläste und die *Place des Vosges,* der ehemalige Königsplatz. Ganz im Süden des 4. Arrondissements liegt die Île Saint-Louis, von der aus du auf den östlichen Teil der Île de la Cité mit der Kathedrale *Notre-Dame* kommst.

1 SAINTE-CHAPELLE

Dieses Meisterstück gotischer Baukunst liegt fast etwas versteckt im Hof des Justizpalasts auf der Île de la Cité. Die Kirche aus dem 13. Jh. beherbergt wertvolle Reliquien aus dem Heiligen Land. Atemberaubend ist jedoch die Wirkung der riesigen, himmelwärts strebenden Glasfenster, die nur von filigranen Strebepfeilern zusammengehalten werden und dank ihrer farbigen Verglasung den ganzen Raum in ein helles, bläuliches Licht tauchen. Dieses obere Stockwerk ist die eigentliche Kapelle und war einst dem König vorbehalten. *April–Sept. tgl. 9–19, Okt.–März tgl. 9–17 Uhr | Eintritt 10 Euro, inkl. Conciergerie 15 Euro (Nov.–März 1. So im Monat frei) | 8, Blvd. du Palais | M 4 St-Michel oder Cité | sainte-chapelle.fr | 1. Arr. | ▥ L8*

2 CONCIERGERIE

Als „Vorzimmer zur Guillotine" – so wird das ehemalige Gefängnis makabererweise genannt – dokumentiert dieses mächtige Bauwerk auf der Île de la Cité eine tragische Episode der französischen Geschichte. Die berühmtesten unter den mehr als 2000 Häftlingen, die hier ihrer Hinrichtung entgegensahen, waren die Königin Marie Antoinette (ihre Zelle wurde wieder hergerichtet) sowie die Revolutionäre Georges Danton und Maximilien de Robespierre. Ursprünglich war der mit seinen Rundtürmen malerisch wirkende Bau ein Palast der Herrscherdynastie der Kapetinger aus dem 10. Jh. Der *Salle des Gens d'Armes* gilt als eines der eindrucksvollsten Beispiele gotischer Profanarchitektur. Der Name leitet sich übrigens

Durch den Pont Neuf, vorbei an der Île de la Cité: Schiffsfahrt auf der Seine

von *concierge* für Haushofmeister her, der ab etwa 1300 vom König mit großer Macht ausgestattet wurde. *Tgl. 9.30–18 Uhr | Eintritt 9 Euro, inkl. Sainte-Chapelle 15 Euro (Nov.–März 1. So im Monat frei) | 2, Blvd. du Palais | paris-conciergerie.fr | 1. Arr. | ▢ L8*

3 PONT NEUF

Die „neue" Brücke, die über die Spitze der Île de la Cité führt, ist in Wirklichkeit die älteste noch existierende Brücke der Stadt. Als Heinrich IV., dessen Reiterstandbild auf dem Bauwerk steht, sie 1607 einweihte, war sie hochmodern. Erstmals in Paris wurde der Blick von einer Brücke auf die Seine nicht mit Häusern verstellt. Sie ist der berühmteste Seine-Übergang, oft besungen, vielfach gemalt und Schauplatz vieler Filme. Vom Platz unterhalb des Reiterstandbilds hast du einen herrlichen Blick auf den ehemaligen Königspalast, der heute das größte Museum der Welt beherbergt.

INSIDER-TIPP
Den Louvre perfekt im Blick

M 7 Pont Neuf | 1./6. Arr. | ▢ L8

4 MUSÉE DU LOUVRE ★

Für das weitläufigste Museum der Welt bedarf es einer überlegten Besuchsstrategie. Denn im Louvre gibt es weit mehr als ehrwürdige Damen wie die „Venus von Milo"(2. Jh. v. Chr.), Leonardo da Vincis „Mona Lisa" (16. Jh.) und Jan Vermeers „Spitzenklöpplerin" (17. Jh.) zu bewundern. Sehr nützlich: der Übersichtsplan (den es am Informationsschalter auch auf Deutsch gibt) und die Wochenübersicht über die turnusmäßigen

Schließungen bestimmter Sammlungen. Ebenfalls zu empfehlen: die kostenlose App „Louvre: Mein Besuch", mit der du die 60 000 m² Museumsfläche mit einem 3D-Modell überblicken und zahlreiche Werkbeschreibungen nachlesen kannst. Für etwas über 5 Euro ist über die App außerdem ein Audioguide zu haben.

Kulturhungrige können aus einem reichhaltigen Menü auswählen, das zurückreicht bis ins 7. Jh. v. Chr.: Auf die drei Gebäudekomplexe verteilt *(Denon, Sully, Richelieu)* stellen sich die orientalische, ägyptische und griechisch-römische Hochkultur vor. Neben der europäischen Bildhauerkunst vom Mittelalter bis zum 19. Jh., dem Kunsthandwerk und über 100 000 Grafiken aus sechs Jahrhunderten stellt die Gemäldesammlung einen Höhepunkt dar, der die Geschichte der europäischen Malerei vom 13. bis zum 19. Jh. nach Regionen geordnet dokumentiert. In der prächtigen *Apollon-Galerie* legen überbordender Stuck, der Kronschatz und Gemälde von Charles Le Brun, Eugène Delacroix u. a. Zeugnis ab von der Machtfülle des Sonnenkönigs Ludwig XIV.

Du kannst den Museumsbesuch auch mit einem Bummel durch die Einkaufspassage *Carrousel du Louvre* (s. unten) verbinden. Selbst wenn du vor so viel Kunst kapitulierst, lohnt es sich, zumindest den Gebäudekomplex des Louvre zu besichtigen, der sich von einer Festung aus dem 12. Jh. zu einem Renaissancepalast entwickelt hatte. Die freigelegten *mittelalterlichen Grundmauern,* der abends sehr schön beleuchtete *Cour Carée,* der kleine *Triumphbogen,* der in einer Sichtachse mit seinem größeren Bruder steht, und die *Glaspyramide* des chinesischen Architekten Ieoh Ming Pei sind absolute Höhepunkte eines Paris-Besuchs. In der Lobby unter der Pyramide, der *Hall Napoléon,* finden Sonderausstellungen statt.

Tickets unbedingt online kaufen, da bei großem Andrang keine Eintrittskarten an den Ticketautomaten vor Ort verkauft werden. *Mi–Mo 9–18 Uhr (Mi u. Fr bis 21.45 Uhr) | Eintritt 15 Euro vor Ort, 17 Euro online (Okt.–März 1. So im Monat u. 14. Juli frei) | M 1, 7 Palais Royal-Musée du Louvre | louvre. fr | ⏱ 2,5–4 Std., locker auch ein ganzer Tag | 1. Arr. | 🚇 K–L7*

5 CARROUSEL DU LOUVRE 🌳

Die Passage entstand erst 1990. In den Gängen unter der Glaspyramide und dem Louvre gibt es edle Geschäfte, aber auch viele Lokale. Wer am Sonntag überdacht bummeln möchte oder in letzter Minute noch ein Geschenk für die Daheimgebliebenen sucht, ist hier richtig. Die *Boutique des Musées Nationaux* offeriert Reproduktionen von Kunstwerken aus verschiedenen französischen Museen, außerdem findest du ausgesuchte Karten und Bücher. Für das leibliche Wohl der Flaneure sorgen zahlreiche Restaurants und Cafés. Wenn du mal was Neues ausprobieren willst: In den *Restaurants du Monde (€)* bekommst du Spezialitäten aus der ganzen Welt. *Mi–Mo 10–20, Di 11–19 Uhr | M 1, 7*

INSIDER-TIPP
Unterirdisch shoppen und speisen

Palais Royal-Musée du Louvre | carrou seldulouvre.com | 1. Arr. | 🚇 K8

6 JARDIN DES TUILERIES

Als „Vorgarten" des Louvre wurde der Barockpark schon 1666 angelegt. Er war einer der ersten Parks überhaupt, der der gesamten Öffentlichkeit zugänglich war und insofern Vorbild für viele andere Anlagen in Europa. Besonders bemerkenswert sind die 18 Frauenstatuen von Aristide Maillol, die zwischen sorgsam gestutzten Hecken fast schon unwirklich hervorgucken. *M 1, 8, 12 Concorde | M 1 Tuileries | 1. Arr. | 🚇 J–K7*

7 MUSÉE DE L'ORANGERIE

In dem an den Louvre angrenzenden Jardin des Tuileries befindet sich die

bemerkenswerte Sammlung des Kunsthändlers Paul Guillaume mit Werken von u. a. Auguste Renoir, Pablo Picasso, Paul Gauguin, Henri Rousseau, Paul Cézanne, Henri Matisse und Amedeo Modigliani. Den Höhepunkt aber bilden die „Nymphéas" (Seerosen) von Claude Monet, deren acht große Kompositionen die Wände von Sälen in elliptischer Form zieren und damit den Eindruck fließenden Wassers und Lichts verstärken. Das Kombiticket mit dem Musée d'Orsay (18 Euro) verschafft in beiden Museen Vortritt in der Warteschlange. *Mi–Mo 9–18 Uhr | Eintritt 9 Euro (1. So im Monat frei) | Place de la Concorde | Jardin des Tuileries | M 1, 8, 12 Concorde | musee-orangerie.fr |* ⊙ *1,5 Std. | 1. Arr. |* ⊞ *J7*

🔳 PALAIS ROYAL & JARDIN DU PALAIS ROYAL

Geschichtsträchtige Oase der Ruhe im brodelnden Zentrum. Wo man heute unter schattigen Linden wandelt, wurde einst Geschichte geschrieben. Kardinal Richelieu, der das den Park umgebende Palais 1634 errichten ließ, vermachte es später Ludwig XIII. Die folgenden Besitzer, das Haus Orléans, erweiterten den Platz. Hinter den einheitlichen Fassaden mit den Rundbogenarkaden sind heute wie damals Geschäfte untergebracht. Im Juli 1789 nahm von hier aus die Französische Revolution ihren Anfang.

Im angrenzenden Innenhof neben der *Comédie Française* bilden die unterschiedlich hohen Säulen von Daniel Buren seit 1986 ein interessantes

Der von André Le Nôtre geschaffene Park ist heute Weltkulturerbe: Jardin des Tuileries

Gegengewicht zur historischen Kulisse. *April–Sept. 8–22.30, Okt.–März 8–20.30 Uhr | M 1, 7 Palais Royal-Musée du Louvre | domaine-palais-royal. fr | 1. Arr. | ⌨ K–L 6–7*

9 PLACE VENDÔME

Dieses Meisterwerk klassischer Ausgewogenheit mit der charakteristischen, an vier Seiten abgeschrägten rechteckigen Form wurde Ende des 17. Jhs. von dem berühmten Baumeister Jules Hardouin-Mansart geschaffen. In der Mitte der Place Vendôme steht eine Säule, die nach dem Vorbild der Trajan-Säule in Rom gestaltet und an deren Spitze Napoleon als römischer Kaiser dargestellt ist. Weltweite Bekanntheit besitzt der Platz aber auch, weil hier die namhaftesten Juweliere residieren und auch das berühmte Hotel Ritz von dem außergewöhnlichen Ambiente dieses Orts profitiert. *M 3, 7, 8 Opéra | 1. Arr. | ⌨ J–K6*

10 GALERIE VIVIENNE ⚑

Sie gilt als die Königin der Pariser Passagen und wurde zur Jahrtausendwende komplett renoviert. Auf dem schönen Mosaikboden im neoklassizistischen Stil flanieren Sie unter Glaskuppeln vorbei an ausgesuchten Läden. Nach einem Besuch bei *Emilio Robba,* wo es die schönsten künstlichen Blumen der Welt gibt, können Sie im Teesalon *A priori thé* eine vorzügliche *chocolat à l'ancienne* trinken. Direkt anschließend folgt die zeitgleich erbaute *Galerie Colbert* mit ihrer Rotunde im pompejanischen Stil. *4, Rue des Petits Champs | M 3 Bourse | galerie-vivienne.com | 2. Arr. | ⌨ L6*

11 LA GAÎTÉ LYRIQUE 📹

Dieses ehemalige Theater aus dem 19. Jh. ist heute ein Tempel der Digitalkultur. An acht Spielstationen kannst du hier kostenlos die allerneusten Videospiele ausprobieren. Außerdem auf dem Programm: Konzerte, Ausstellungen, Filmvorführungen. *Di–Fr 14–22, Sa 12–22, So 12–18 Uhr | 3 bis, Rue Papin | M 3, 4 Réaumur-Sébastopol | gaite-lyrique.net | 3. Arr. | ⌨ M6*

> **INSIDER-TIPP**
> **Zocken auf lau und mit Kulturwert**

12 MUSÉE PICASSO ★

Einige Kunstkenner halten Pablo Picasso (1881–1973) für den größten Künstler des 20. Jhs. Das Picasso-Museum im Marais zeigt mit 5000 Exponaten die weltgrößte Ausstellung seiner Werke. Nach fünfjähriger Schließung ist die Ausstellungsfläche auf 3700 m^2 vergrößert worden. Sehenswert ist auch die private Sammlung des Künstlers mit Werken von Henri Matisse, Edgar Degas, Georges Braque, Joan Miró und anderen. Für dieses Museum der Superlative im prächtigen Stadtpalais *Hôtel Salé* solltest du Zeit mitbringen. *Di–Fr 10.30–18 Uhr, Sa/So 9.30–18 Uhr | Eintritt 12,50 Euro (1. So im Monat frei) | 5, Rue de Thorigny | M 8 Saint-Sébastien-Froissart | museepicassoparis.fr | ⏱ mind. 1/2 Tag | 3. Arr. | ⌨ N7*

13 MAISON VICTOR HUGO

Hier hat der Schriftsteller Victor Hugo zwischen 1832 und 1848 gelebt und gewirkt. In den teilweise asiatisch angehauchten Räumen mit wunderschönem Blick auf die Place des Vosges finden sich Dokumente, Objekte und Möbel sowie Bilder des Dichters, die zeigen, dass er auch ein sehr guter Maler war – er hinterließ zahlreiche Gemälde und ca. 3000 Zeichnungen. *Di–So 10–18 Uhr | Eintritt frei (Wechselausstellungen 6–8 Euro) | 6, Place des Vosges | M 1 Saint-Paul | maisons victorhugo.paris.fr |* ⏱ *1–2 Std. | 4. Arr. |* ▥ *O8*

⓴ PLACE DU MARCHÉ SAINTE-CATHÉRINE

Mit seinen Cafés und den Schatten spendenden Bäumen erinnert dieser ruhige Platz im Marais besonders im Sommer an die beschaulichen Marktplätze südfranzösischer Provinzstädtchen. *M 1 Saint-Paul | 4. Arr. |* ▥ *N8*

⓵ PLACE DES VOSGES ★

Der Anfang des 17. Jhs. von König Heinrich IV. als Place Royale in Auftrag gegebene Platz ist nicht nur einer der ältesten, sondern wohl auch der architektonisch harmonischste Platz der Stadt. Die 36 Pavillons (nur die des Königs und der Königin sind etwas erhöht) sind von Arkadengängen gerahmt, in denen sich elegante Kunstgalerien und Restaurants befinden. Darüber erheben sich die symmetrisch angeordneten Fassaden, deren Komposition aus hellem Naturstein, roter Ziegelverkleidung und grauen Schieferdächern ein perfektes Bild abgibt. Vom kleinen Park aus, der im Zentrum des Platzes angelegt wurde, ist die Geschlossenheit des Ensembles am besten zu erkennen. *Marais | M*

Place des Vosges: Der Brunnen steht im Zentrum des harmonischen Gebäudeensembles

1 Saint-Paul | M 1, 5, 8 Bastille | *4. Arr.* | N-O8

16 CENTRE POMPIDOU ⭐

Im vierten und fünften Stockwerk dieses futuristischen Röhrengebäudes erhältst du einen umfassenden Überblick über die Kunst des 20. Jhs. Super ist hier der interdisziplinäre Ansatz, der Grafik, Architektur, Design und neue Medien einbezieht. Auf dem Vorplatz des Gebäudes liegt das originalgetreu nachgebaute Atelier des Bildhauers Constantin Brancusi. In der sechsten Etage stellen Wechselausstellungen Künstler von Weltrang vor. Ein Besuch ist schon wegen der phänomenalen Aussicht über Paris unbedingt zu empfehlen! Ein Fahrstuhl links neben dem Haupteingang bringt dich kostenlos direkt in die oberste Etage. Und wenn du keine Lust auf Kunst hast, kannst du hier auch einfach nur ein Gläschen im Designercafé *Georges (restaurantgeorgesparis.com) trinken.* Neben dem Centre steht der von Niki de Saint Phalle und Jean Tinguely nach dem Ballett „Le Sacre du Printemps" von Igor Strawinsky gestaltete *Brunnen* mit bunten Figuren und technischen Konstruktionen, die Wasser speien. *Mi-Mo 11–21 Uhr (Do Wechselausstellungen bis 23 Uhr), Atelier Brancusi 14–18 Uhr) | Eintritt 14 Euro, Aussichtsplattform 5 Euro, Atelier Brancusi frei (1. So im Monat frei) | Place Georges-Pompidou | M 11 Rambuteau | centrcpompidou.fr |* 🕐 *2–3 Std. |* *4. Arr. |* M7

INSIDER-TIPP
Santé und Prost! Auf die Aussicht!

Bunter Brunnen: die Fontaine Strawinsky von Niki de Saint Phalle und Jean Tinguely

17 HÔTEL DE VILLE & PLACE DE L'HÔTEL DE VILLE

Bereits seit dem Mittelalter sitzt hier die Pariser Stadtverwaltung. Das aktuelle *Rathaus*, im Stil der Neorenaissance, wurde errichtet, nachdem das vorherige Gebäude während der Pariser Kommune 1871 durch einen Brandanschlag zerstört worden war. Vor dem Gebäude finden Hinrichtungen heute nur noch verbal statt, denn nach wie vor dient der Platz Kundgebungen, aber auch Volksfeste und Sportveranstaltungen werden hier abgehalten. Ins Rathaus strömen die Pariser vor allem, um sich die 📷 kostenlosen Wechselausstellungen anzusehen. Aus Sicherheitsgründen finden bis auf Weiteres keine Führungen mehr statt, du kannst aber gefahrlos einen virtuellen Besuch wagen: *short.*

travel/par2. M 1, 11 Hôtel de Ville | 4. Arr. | 🚇 M8

18 MAISON EUROPÉENNE DE LA PHOTOGRAPHIE

In diesem herrschaftlichen Stadthaus aus dem 18. Jh. ist die zeitgenössische Fotografie zu Hause. Wechselnde Ausstellungen angenehmer Größe rund um ein Thema, eine Bewegung oder einen Künstler. Die Pariser kommen gerne und immer wieder. *Mi–So 11–19.45 Uhr | Eintritt 10 Euro | 5–7, Rue de Fourcy | M 1 Saint-Paul | mep-fr.org |* 🕐 *1–2 Std. | 4. Arr. | 🚇 N8*

19 NOTRE-DAME ⭐

Die Bilder der brennenden Kathedrale und ihres einstürzenden spitzen Vierungsturms am 15. April 2019 sind um die Welt gegangen. In einem stundenlangen Einsatz konnte die Feuerwehr die Kathedrale retten. Innerhalb weniger Tage gingen Spenden in Höhe von nahezu einer Milliarde Euro zum Wiederaufbau von Notre-Dame ein. Pünktlich zu den Olympischen Spielen 2024 soll die Kathedrale wieder in neuer, alter Pracht stehen.

Das Meisterwerk der Gotik wurde zwischen 1163 und 1345 auf Veranlassung des Bischofs Maurice de Sully errichtet. Auf dem Platz stand schon vor 2000 Jahren ein römischer Tempel. Im Innenraum des fünfschiffigen Langhauses finden 9000 Personen Platz. Besonders beeindruckend sind die drei großen Eingangsportale, die gewaltigen Strebebögen um den Chor und die Rosetten, die einen Durchmesser von über 10 m haben und nach dem Brand aufwendig restauriert werden müssen.

Hier fanden viele historisch wichtige Ereignisse statt, darunter die Krönung Napoleons. Während der Revolution wurde Notre-Dame in einen „Tempel der Vernunft" umgewandelt: Die Kirche schien vor dem Verfall zu stehen. In seinem Roman „Der Glöckner von Notre-Dame" appellierte Victor Hugo erfolgreich an die Öffentlichkeit, diesem Zustand nicht länger zuzusehen. In der Folge wurde die Kathedrale restauriert. Auf dem Vorplatz befindet sich eine Markierung, von der aus alle Entfernungen in andere französische Städte berechnet werden.

Wie durch ein Wunder hat neben den meisten, die Fassaden zierenden Skulpturen auch die Cavaillé-Coll-Orgel den Brand überlebt. Bis alle Orgelpfeifen durchgepustet sind und samstagabends wieder Gratiskonzerte stattfinden *(musique-sacree-notreda medeparis.fr)*, kannst du in der auch sonst sehenswerten Kirche *Saint-Eustache (146, Rue Rambuteau | M 4 Les Halles | saint-eustache.org |* 1. Arr. *|* 📷 *L7)* 🎧 kostenlos den Klängen der Orgel lauschen: jeweils sonntags vor den Gottesdiensten um 10.45 und 17 Uhr.

INSIDER-TIPP
Klangkaskaden unter der Kirchenkuppel

Während der Renovierungsarbeiten lässt sich Notre-Dame leider nur aus der Ferne bewundern. *Parvis Notre-Dame-Place Jean-Paul II | Île de la Cité | M 4 Cité oder St-Michel | RER B, C Saint-Michel-Notre Dame | notredame deparis.fr | tours-notre-dame-de-paris. fr |* 4. Arr. *|* 📷 *M9*

QUARTIER LATIN BIS EIFFELTURM

Das 5., 6. und 7. Arrondissement sind die drei zentralen Bezirke südlich der Seine. Das Quartier Latin und Saint-Germain-des-Prés im 5. und 6. Arrondissement sind seit jeher Zentren des intellektuellen Lebens.

In den Cafés hier trafen sich in den 1950er-Jahren die Existenzialisten. Heute werden diese Orte eher von Touristen und den Angestellten der umliegenden Büros und Geschäfte frequentiert. Im Quartier Latin (also ein Viertel, in dem man früher Latein sprach) sind schon seit dem 13. Jh. die berühmtesten Bildungsanstalten der Nation beheimatet. Darüber hinaus findest du hier viele Cafés, Bistrots und den *Jardin du Luxembourg,* einen der bekanntesten Parks der Stadt.

Das 7. Arrondissement zwischen Eiffelturm und Invalidendom liegt dahingegen, wie der gesamte Westen der Stadt, in den Händen des Großbürgertums. In den eleganten Straßenzügen, in denen sich neben der französischen Nationalversammlung viele repräsentative Botschaften, Ministerien und einige schöne Paläste befinden, geht es relativ gemächlich und ruhig zu. Touristen pilgern hier vor allem zum *Eiffelturm,* aber auch mit Museen geizt das Viertel nicht. Auf dem *Champ de Mars* vor dem Eiffelturm und der *Esplanade des Invalides* zwischen Seine und Invalidendom findest du außerdem problemlos einen Platz im Gras.  Ein Picknick vor dem Eiffelturm kann sehr viel entspannter sein, als den Turm zu erklimmen – vor allem, wenn du dein Ticket nicht vorab reserviert hast.

INSIDER-TIPP
Warum in die Höhe steigen?

20 INSTITUT DU MONDE ARABE

Die auffallende Fassade aus Glas und Aluminium – ein gelungenes Beispiel moderner Architektur von Jean Nouvel – passt sich dem Lauf der Seine an. Ein besonderes Gimmick sind die Fotolamellen an der Südseite, die sich je nach Lichteinfall öffnen und schließen. Zur Förderung des kulturellen Austauschs zwischen europäischer und islamischer Welt präsentieren sich hier 20 arabische Länder in Form von Wechselausstellungen, Foren, Filmen und in einer umfangreichen Bibliothek. Vom Restaurant *Le Zyriab* aus hast du einen herrlichen Blick über die Dächer der Metropole. *Di–Fr 10–19, Sa/So 10–20 Uhr | Museum 8 Euro | 1, Rue des Fossés Saint-Bernard | M 7, 10 Jussieu | imarabe.org | 5. Arr. | ☐ N9*

21 MUSÉE DE CLUNY

Das frisch renovierte spätgotische Stadtpalais der Äbte von Cluny, direkt neben den römischen Thermen aus dem 3. Jh., bietet die ideale Kulisse für diese Ausstellung mittelalterlicher Kunst. Neben Buchmalerei, Möbeln, Kunsthandwerk und antiken Skulpturen sind vor allem die Glasfenster und Wandteppiche sehenswert. Den Hö-

hepunkt bildet der Rundsaal mit den sechs Wandteppichen der „Dame mit dem Einhorn" (15. Jh.). Während die ersten fünf Teppiche die fünf Sinne allegorisieren, ist die Bedeutung des sechsten Teppichs ungeklärt, und er zieht dadurch jeden Betrachter in seinen Bann. *Mi–Mo 9.15–17.45 Uhr | Eintritt 5 Euro, 9 Euro mit Sonderausstellung (1. So im Monat frei) | 6, Place Paul Painlevé | M 10 Cluny-La Sorbonne | musee-moyenage.fr | ⊙ Echte Mittelalterfans sollten einen Vormittag einplanen | 5. Arr. | ☐ L9*

Wichtiger denn je: das Institut du Monde Arabe

5.–7. ARRONDISSEMENT

28 Musée du Quai Branly – Jacques Chirac

31 Musée d'Orsay ★

27 Eiffelturm (Tour Eiffel) ★

29 30 Musée Rodin

Invalides

Île de la Cité

Île Saint-Louis

21 Musée de Cluny

20 Institut du Monde Arabe

Jardin du Luxembourg ★ 26

22 Panthéon

24 Musée de la Sculpture en Plein Air

Rue Mouffetard 23

25 Jardin des Plantes

1 km
0.62 mi

22 PANTHÉON

Schon von Weitem sichtbar thront der mächtige Kuppelbau auf dem Hügel von Sainte-Geneviève. Ludwig XV. ließ das Gebäude 1756 von seinem Baumeister Jacques-Germain Soufflot zur Erfüllung eines Gelübdes gegenüber der Pariser Schutzheiligen Genoveva errichten. Bereits kurz nach der Revolution empfing die Kirche die sterblichen Überreste großer Franzosen wie Voltaire und Jean-Jacques Rousseau. Seit der Überführung des Leichnams von Victor Hugo 1885 ins Panthéon dient die zeitweise auch als Gebetshaus genutzte Kirche endgültig als Mausoleum.

Du kannst auch die Galerie der Kuppel besteigen, von der aus der Physiker Léon Foucault seinen berühmten Pendelversuch zum Nachweis der Achsen-

drehung der Erde durchgeführt hat. *April–Sept. tgl. 10–18.30, Okt.–März tgl. 10–18 Uhr | Eintritt 9 Euro (Nov.–März jew. 1. So im Monat frei) | Place du Panthéon | M 10 Cardinal Lemoine, RER B Luxembourg | paris-pantheon. fr |* ⏱ *1 Std. | 5. Arr. |* 📖 *L10*

23 RUE MOUFFETARD 🚩

Schon in der Römerzeit schlängelte sich der lebendige kleine Weg die Montagne Sainte-Geneviève hinunter. Studenten der umliegenden Schulen, Touristen und Einheimische schätzen die schmale Straße mit ihrem dienstags bis sonntags stattfindenden, gut bestückten Markt im unteren Teil und den kleinen Kneipen und Boutiquen gleichermaßen. Am oberen Ende der „Mouff'" liegt die malerische *Place de la Contrescarpe* mit einigen hübschen

Cafés. *M 7 Place Monge* | *5. Arr.* | *M10–11*

24 MUSÉE DE LA SCULPTURE EN PLEIN AIR

Bildhauerei unter freiem Himmel und kostenlos gibt es im *Jardin Tino-Rossi* am Seine-Ufer. Hier kannst du ca. 30 Werke von Bildhauern wie César Baldaccini oder Constantin Brancusi umrunden. *Quai Saint-Bernard* | *M 7, 10 Jussieu* | ⏱ *30 Min.* | *5. Arr.* | *N9–10*

25 JARDIN DES PLANTES

Der Jardin des Plantes (Sommer 7.30–19.45, Winter 8–17.15 Uhr, mit zeitlichen Abstufungen je nach Jahreszeit) mit seinem kostenlosen Pflanzenlehrgarten ist Sitz des Naturkundemuseums *(Muséum National d'Histoire Naturelle)*. Kinder wollen natürlich zuerst in die *Ménagerie (je nach Jahres-*zeit tgl. 9–17/18.30 Uhr | Eintritt 13 Euro, Kinder 10 Euro, bis 3 J. frei | ⏱ 1–2 Std.), einen Zoo mit Reptilien, Affen und Raubkatzen. In der *Grande Galerie de l'Évolution (tgl. 10–18 Uhr | Eintritt ab 10 Euro, unter 26 J. frei | ⏱ locker 2 Std.)* kannst du dich naturwissenschaftlich weiterbilden. Besonders beeindruckend: die Karawane mit ausgestopften Tieren in Lebensgröße. Auch in der *Paläontologie (tgl. 10–18 Uhr | Eintritt 9 Euro, unter 25 J. frei | ⏱ 1–2 Std.)* mit ihren riesigen Saurierknochen und der *Mineralogie (tgl. 10–18 Uhr | Eintritt 7 Euro, unter 25 J. frei | ⏱ 1–2 Std.)* darf gestaunt werden. Herrlich sind die Gewächshäuser *Les Grandes Serres (Sommer tgl. 10–18, Winter tgl. 10–17 Uhr | Eintritt 7 Euro, Kinder 5 Euro, bis 3 J. frei | ⏱ 1,5 Std.)* mit einer üppigen Urwaldvegetation. 👁 Eine für alle Bereiche gültige 3-Ta-

Meeresfrüchte in Hülle und Fülle, appetitlich präsentiert: Fischladen in der Rue Mouffetard

ges-Karte bekommst du für 25 Euro. *M 5, 10, RER C Gare d'Austerlitz | jardindesplantes.net | 5. Arr. | ☐ N10*

26 JARDIN DU LUXEMBOURG ★

Berühmtester Park des Zentrums von Paris, ganz in der Nähe der Universität Sorbonne. Auf den bereitstehenden Stühlen kannst du zusehen, wie die Kinder 👫 Boote im großen Bassin fahren lassen, seit 1881 eine der Lieblingsbeschäftigungen kleiner Pariser *(tgl. 11–18 Uhr außer im Winter und bei schlechtem Wetter | ca. 4 Euro/30 Min.).* Maria von Medici ließ Park und Palais Anfang des 17. Jhs. nach florentinischem Vorbild errichten. Das *Palais du Luxembourg* ist heute Sitz des französischen Senats. Direkt daneben liegt das *Musée du Luxembourg (museeduluxembourg.fr),* das oftmals Ort bemerkenswerter Kunstausstellungen ist. *Park: je nach Jahreszeit von 7.30/8.15 Uhr bis ca. 1 Std. vor Sonnenuntergang | RER B Luxembourg | 6. Arr. | ☐ K–L 9–10*

27 EIFFELTURM (TOUR EIFFEL) ★

Ohne den Eiffelturm wäre Paris nicht Paris. Das 300 m hohe Wahrzeichen war lange das höchste Bauwerk der Welt. Von Gustave Eiffel anlässlich der 100-Jahr-Feier zur Französischen Revolution und der Weltausstellung 1889 errichtet, war das Stahlgebilde zunächst heftig umstritten. Eigentlich sollte der Turm nur 20 Jahre stehen. Wegen seiner Bedeutung als Wetterstation sowie später für die Flugsicherung und als Funk- und Fernsehstation blieb er schließlich erhalten. Von der zweiten Plattform in 115 m Höhe bietet sich dir eine eindrucksvolle Panoramasicht über Paris, von der obersten Ebene in 274 m Höhe reicht der Blick an klaren Tagen bis weit in das Pariser Becken. Wenn du Lust hast, kannst du dir hier in luftiger Höhe ein Gläschen Champagner (ab 13 Euro) genehmigen. 2018 wurde eine gläserne Mauer zum Schutz vor Anschlägen um den Eiffelturm errichtet. ==Wenn du den Eiffelturm nicht nur von unten sehen willst, solltest du unbedingt vorher über die Internetseite buchen.==

> **INSIDER-TIPP**
> **Mal ganz weit oben sein …**

Hier bekommst du Tickets mit einer festen Uhrzeit und sparst dir so das nervige Schlangestehen vor Ort. Wenn's was ganz Besonderes sein soll, kannst du auch in einem der Restaurants reservieren. Ins schicke (und teure) *Jules Verne* in der 2. Etage fährt dich ein Privataufzug. Ins etwas einfachere *58 Tour Eiffel (restaurants-tour eiffel.com)* in der ersten Etage, wo du mittags übrigens auch ohne Reservierung essen kannst, geht's mit den Normalsterblichen. Der Turm-Eintritt ist in der Reservierung inbegriffen. *Tgl. 9.30–23.45 (Aufzug) bzw. 18.30 (Treppe), Mitte Juni–Anfang September 9–0.45 Uhr (Aufzug und Treppe) | Aufzug/Treppe: 2. Etage 16/10 Euro, 3. Etage 25/19 Euro | 5, Av. Gustave Eiffel | RER C Champ de Mars - Tour Eiffel | toureiffel.paris | ⏱ 2–3 Std. | 7. Arr. | ☐ F8*

28 MUSÉE DU QUAI BRANLY – JACQUES CHIRAC 🎋

Schon von außen macht das Museum des Architekten Jean Nouvel einiges her. Besonders beeindruckt der aus 15 000 Pflanzen bestehende vertikale Garten des Botanikers Patrick Blanc. Im Inneren geht die Reise in ferne Länder. Die Sammlung außereuropäischer Kunstobjekte ist sehr umfangreich und wird durch zahlreiche Multimedia-Installationen ergänzt. Ebenfalls einen Umweg wert sind die regelmäßig stattfindenden Theater-, Tanz- und Musikveranstaltungen und das *Museumsrestaurant Les Ombres* (s. S. 78). *Di, Mi, So 11–19, Do, Fr, Sa 11–21 Uhr | Eintritt 10–12 Euro (1. So im Monat frei) | 37, Quai Branly | M 9 Iéna | RER C Pont de l'Alma | quaibran ly.fr |* ⏱ *mind. 1/2 Tag | 7. Arr. |* ▦ *F7*

29 INVALIDES

Das *Hôtel des Invalides* ist nach dem Schloss Versailles der zweite gigantische Baukomplex, der unter Ludwig XIV. errichtet wurde. Der „Sonnenkönig" ließ ihn für die Versehrten unter seinen Kriegsveteranen bauen. Damit die ehemaligen Soldaten nicht zum Betteln oder Stehlen gezwungen waren, wurden bis zu 3000 Invaliden bei strenger Zucht und guter Versorgung in eigens eingerichteten Werkstätten beschäftigt. Neben der Soldatenkirche bildet der barocke *Dôme des Invalides* mit seiner goldglänzenden Kuppel den Höhepunkt der Anlage. Unter der Kuppel thront das *Grabmal Napoleons*. Das angegliederte, 1794 gegründete *Armeemuseum* ist eines der größten dieser Art weltweit und dient der Bewahrung des Ruhms der französischen Armee. *Tgl., April–Okt. 10–18, Nov.–März 10–17 Uhr (April–Sept. Di bis 21 Uhr) | Eintritt 11–*

Im Dôme des Invalides steht Napoleons Grabmal aus sechs ineinander ruhenden Särgen

Große Kunst in altem Bahnhof: die Skulpturenallee in der Halle des Musée d'Orsay

12 Euro | *Esplanade des Invalides* | *M 8 La Tour-Maubourg* | *M 13 Varenne* | *musee-armee.fr* | ⏱ *1–2 Std.* | *7. Arr.* | 🗺 *G–H8*

30 MUSÉE RODIN

Kein Geringerer als der deutsche Dichter Rainer Maria Rilke, der zeitweise bei ihm als Privatsekretär arbeitete, hat Auguste Rodin dazu bewegt, sich in diesem prächtigen Palais niederzulassen. Neben bekannten Werken wie „Der Kuss" oder „Die Kathedrale" sind hier auch einige Schöpfungen seiner begabten Schülerin und Geliebten Camille Claudel zu sehen. Der dazu-

gehörige Skulpturenpark mit einem Café verschafft Erholung inmitten von Kunst. *Di–So 10–17.45 Uhr* | *Eintritt 10 Euro, Park 4 Euro (Okt.–März 1. So im Monat frei)* | *77, Rue de Varenne* | *M 13 Varenne* | *musee-rodin.fr* | ⏱ *inkl. Park mind. 3 Std.* | *7. Arr.* | 🗺 *H8*

31 MUSÉE D'ORSAY ⭐ 🚩

In den lichtdurchfluteten Sälen des 1986 umgebauten Bahnhofs stehen die Maler des Lichts, die Impressionisten, im Mittelpunkt. Daneben sind aber auch Werke von Wegbereitern der Moderne wie Vincent van Gogh, Paul Gauguin und Paul Cézanne zu sehen. Die Gemälde, Skulpturen, die Kunstobjektsammlung sowie Dokumentationen zur Stadtplanung, Film- und Plakatkunst umfassen den Zeitraum 1848–1914, eine Epoche, die zu den kunstgeschichtlich fruchtbarsten gehört. Beeindruckend ist nicht nur das reiche Angebot des Museumsbuchladens, sondern auch der elegante Speisesaal, dessen moderne Bestuhlung sehr schön mit dem Glanz der Belle Époque harmoniert. *Di–So 9.30–18 Uhr (Do bis 21.45 Uhr) | Eintritt 14 Euro (1. So im Monat frei) | 1, Rue de la Légion d'Honneur | RER C Musée d'Orsay | musee-orsay.fr |* ⏱ *auf der Website div. Besichtigungstouren à 1,5 Std., sonst 1/2 Tag | 7. Arr. |* 🗺 *J7*

CHAMPS-ÉLYSÉES BIS OPÉRA

Die weltweit berühmte Renommiermeile Champs-Élysées ist Teil einer Sichtachse, die am kleinen Bogen des Carrousel du Louvre beginnt, weiter zum mittleren Bogen des Arc de Triomphe verläuft und weit im Westen, im modernen Riesenbogen Grande Arche de La Défense, ihren Abschluss findet.

Der Verkehr auf der vielspurigen Prachtstraße steht nur an einem Sonntag im Monat still. Dann können sich die Touristenmassen, die zu jeder Jahreszeit auf den breiten Trottoirs flanieren, auf der ganzen Avenue verteilen.

In den Boutiquen, die teilweise bis spät in den Abend geöffnet haben, und in den vielen Cafés lautet das Motto: „Sehen und gesehen werden". Um das Niveau zu halten, achtet die Stadtverwaltung darauf, dass sich nicht zu viele Billigketten an diesem hoch begehrten Standort ansiedeln. Am unteren Ende wird der Prachtboulevard von der *Avenue Montaigne* gekreuzt, einer der teuersten Adressen in Sachen Mode. In diesem Teil liegen, gesäumt von großzügigen Grünanlagen, die anlässlich der Weltausstellung von 1900 errichteten Glaspaläste *Grand* und *Petit Palais* sowie das *Palais de la Découverte (palais-decouverte.fr)*, in dem heute ein Wissenschaftsmuseum untergebracht ist.

Wenn du in Richtung Place de la Concorde unterwegs bist, solltest du auf jeden Fall rechts einen Abstecher Richtung *Pont Alexandre III* machen! Die repräsentative Pracht der Napoleon-III-Ära und der Belle Époque strahlt dir hier bereits von Weitem entgegen. Wenn du jetzt noch Lust auf eine weitere Runde hast, dann überquerst du einfach die Place de la Concorde und bummelst durch die elegante *Rue Royale* zur Kirche *Sainte-Marie Madeleine (La Madeleine)* und von dort aus weiter zur alten Oper *(Opéra Garnier)*. Wenn du dann immer noch nicht genug hast, dann auf zu einem Bummel durch die *Rue des Martyrs* in South Pigalle oder SoPi, wie sich der hippe Stadtteil gerne selbst vermarktet.

🔲 ARC DE TRIOMPHE ⭐

Auf der eindrucksvollen Sichtachse zwischen dem kleinen Bogen am Lou-

8. UND 9. ARRONDISSEMENT

32 Arc de Triomphe ★

40 Opéra Garnier

La Madeleine 39

Avenue des Champs-Élysées

34 Avenue Montaigne

Grand & Petit Palais 35 33

38 37 Jeu de Paume

Place de la Concorde

36 Pont Alexandre III

Jardin des Tuileries

Jardins du Tocadéro

Quai d'Orsay

Quai Anatole France

1 km
0.62 mi

vre und dem großen Bogen von La Défense erhebt sich das 50 m hohe Pariser Wahrzeichen, das Jean François Chalgrin nach antikem Vorbild gestaltete. Nachdem Napoleon den Bau 1806 zu Ehren seiner „Großen Armee" und seines Siegs in der Schlacht von Austerlitz in Auftrag gegeben hatte, sollte es bis zu dessen Fertigstellung noch 30 Jahre dauern. Unter dem Bogen, der mit bedeutenden Reliefs wie „La Marseillaise" versehen ist, befindet sich das *Tombe du Soldat Inconnu,* das „Grabmal des unbekannten Soldaten", das Ausgangspunkt für die Militärparaden am 14. Juli ist.

Eine unterirdische Passage nahe der Métrostation an der Place Charles de Gaulle-Étoile führt vorbei an einem kleinen Museum zur Geschichte des Triumphbogens und zum Zugang zur Aussichtsplattform. Den Blick von dort oben solltest du dir nicht entgehen lassen: Er ist phänomenal, zumal an diesem Platz nicht weniger als ein Dutzend Avenuen sternförmig zusammenlaufen. *Tgl., April–Sept. 10–23, Okt.–März 10–22.30 Uhr | 12 Euro (Nov.–März 1. So im Monat frei) | M 1, 2, 6, RER A Charles de Gaulle-Étoile | arc-de-triomphe.monuments-nation aux.fr | ⏱ 1 Std. |* *8. Arr. | ⌑ F5*

33 AVENUE DES CHAMPS-ÉLYSÉES

Die angeblich schönste Straße der Welt wird von den meisten Parisern nicht besonders geschätzt. Zwischen Triumphbogen und der Place de la Concorde bewegen sich deshalb vor allem Touristen. Vor den großen Erstaufführungskinos stehen abends, besonders an den Wochenenden, aber auch die Einheimischen Schlange. Während der obere Teil der Avenue vielfach von Imbissketten und anderem Kommerz in Beschlag genommen wurde, lässt sich weiter unten noch eher die Pracht der Belle Époque nachvollziehen.

Ein kleiner Schlenker in die *Avenue de Marigny* führt dich direkt vor den Élysée-Palast, den Sitz des Staatspräsidenten. Bekannte Adressen an der 2 km langen Prachtstraße sind die elegante Parfümerie *Guérlain (Nr. 68),* das berühmte Tanztheater *Lido (Nr. 116 bis)* sowie die exklusive Boutique von *Louis Vuitton (Nr. 101). M 1 George V, M 1, 9 Franklin D. Roosevelt, M 1, 13 Champs-Élysées-Clemenceau |* 8. Arr. | F–H 5–6

34 AVENUE MONTAIGNE 🏳

Die Luxusmeile der Stadt, eine Seitenstraße der Champs-Élysées. Hier sind fast alle namhaften Modeschöpfer (Versace, Ricci, Dior), Juweliere, Parfümerie- und Lederwarengeschäfte vertreten. Manche Kundinnen lassen sich von ihren Chauffeuren vor die Eingangstüren bringen, wo sie von Portiers in weißen Handschuhen begrüßt werden.

Wer will und wer das nötige Kleingeld hat, kann natürlich auch gleich im traditionsreichen Luxushotel *Plaza Athénée* absteigen. Auch das *Théâtre des Champs-Élysées (Nr. 15)* mit seiner schönen, von Antoine Bourdelle entworfenen Fassade befindet sich hier. *M 1, 9 Franklin D. Roosevelt |* 8. Arr. | G6

Das Flair der Champs-Élysées kann man auch im Sitzen genießen, so im Restaurant L'Alsace

35 GRAND & PETIT PALAIS

Beide wurden anlässlich der Weltausstellung 1900 errichtet und symbolisieren mit ihrem opulenten historisierenden Figurenschmuck eine der kulturell fruchtbarsten Epochen von Paris. Besonders die Eisen-Glas-Konstruktion und die Kuppeln machen sie zu einem Kleinod des Jugendstils und der Belle Époque. Im *Grand Palais (wechselnde Öffnungszeiten | 3, Av. du Général Eisenhower | grandpalais.fr)*, der bis zu den Olympischen Spielen 2024 komplett renoviert wird, finden Veranstaltungen und Wechselausstellungen von hohem Rang statt. Während der Umbauarbeiten wird ein provisorischer Grand Palais auf dem Champ de Mars errichtet. Im *Petit Palais (Di–So 10–18, Fr bis 21 Uhr | Av. Winston-Churchill | petitpalais.paris.fr)*, der bereits aufwendig restauriert wurde, erwartet dich eine Dauerausstellung mit Kunstgegenständen und Gemälden aus dem 18. und 19. Jh. *(Eintritt frei, Sonderausstellungen 8–16 Euro).* M 1, 13 Champs-Élysées-Clemenceau | ⏱ *2 Std.* | *8. Arr.* | 🗺 *H6*

36 PONT ALEXANDRE III 🚩

Zar Nikolaus II. legte 1896 persönlich den Grundstein zu dieser prunkvollsten Brücke von Paris, die den Grand Palais und die Esplanade des Invalides miteinander verbindet. Bei Sonnenschein glänzt das Gold der geflügelten Belle-Époque-Pferde auf den Ecksäulen der Brücke schon von Weitem. *M 8, 13, RER C Invalides* | *7./8. Arr.* | 🗺 *H7*

Der Pont Alexandre III ist nur eine von 35 Pariser Seine-Brücken, aber eine der schönsten

37 JEU DE PAUME

Lass dich nicht vom Äußeren täuschen! Diese prachtvolle Sporthalle aus dem 19. Jh. ist alles andere als verstaubt. Wechselnde Ausstellungen lassen die Bilderwelten des 20. und 21. Jhs. sprechen. Fotografie, Video- und Netzkunst findest du auch in der Außenstelle des Museums im Netz: *espacevirtuel.jeudepaume.org. Di 11–21, Mi–So 11–19 Uhr | Eintritt 10 Euro | 1, Place de la Concorde | M 1, 8, 12 Concorde | jeudepaume.org | ⏱ 1,5 Std. | 8. Arr. | ▥ J6*

38 PLACE DE LA CONCORDE

Der monumentalste Platz von Paris ist ein Ort der Superlative: Von seinem Mittelpunkt aus, dem 3300 Jahre alten, 22 m hohen Obelisken aus dem ägyptischen Luxor, hast du die gesamten Champs-Élysées bis zum Triumphbogen vor dir. Nur schwer vorstellbar ist heute noch, dass auf dem 1775 angelegten Platz vor nicht einmal 250 Jahren Tausende von Feinden der Revolution, unter ihnen Ludwig XVI. und seine Gemahlin Marie-Antoinette, Maximilien de Robespierre und die Comtesse du Barry, auf dem Schafott ihr Leben lassen mussten. Die acht Frauenstatuen, die den „Platz der Eintracht" einrahmen, personifizieren die acht größten Städte Frankreichs. *M 1, 8, 12 Concorde | 8. Arr. | ▥ J6–7*

39 LA MADELEINE

Was als Siegeshalle der Grande Armée geplant war, wurde nach der Niederlage Napoleons in Russland doch nur zu einer einfachen Kirche. In das pompöse Gebäude der *Sainte-Marie Madeleine*, das den antiken Tempeln nachempfunden ist, kommen die Pariser heute nicht nur zu den Gottesdiensten, sondern vor allem zu den zahlreichen klassischen Konzerten (Eintritt um die 30 Euro, ☎ aber auch viele Gratiskonzerte). *Tgl. 9.30–19 Uhr | Place de la Madeleine | M 8, 12, 14 Madeleine | eglise-lamadeleine. com | 8. Arr. | ▥ J6*

40 OPÉRA GARNIER

In diesem von Marmor und Gold überbordenden Palast kannst du dir Opern- und Ballettaufführungen anschauen. Hast du Lust auf mehr Input zu dem von Charles Garnier 1875 fertiggestellten Opernhaus und dem 1964 von Marc Chagall geschaffenen Deckengemälde? Dann nimm doch an einer Führung teil! *Tgl. 10–16.30 Uhr | Eintritt 11–12 Euro | Place de l'Opéra | M 3, 7, 8 Opéra, RER A Auber | operade paris.fr | ⏱ 1,5 Std. | 9. Arr. | ▥ K5*

CANAL ST-MARTIN BIS BOIS DE VINCENNES

Das 10. Arrondissement empfängt viele Reisende aus Deutschland, denn hier befinden sich in unmittelbarer Nachbarschaft Gare du Nord und Gare de l'Est. Dass es hier nicht nur Bahnhöfe, sondern auch das In-Viertel rund um den Canal

Die Kammer ist voll, gleich geht's weiter: Fünf Schleusen besitzt der Canal Saint-Martin

Saint-Martin auszukundschaften gibt, hat sich mittlerweile herumgesprochen.

Um die Métrostation Strasbourg-Saint-Denis, entlang der Rue du Faubourg Saint-Denis, tobt das Nachtleben. Hier kommt die Stadt nicht schick und elegant daher, sondern laut und ungezogen. Der Clip „S.S.D" (für Strasbourg-Saint-Denis) der französischen Rockband „La femme" zeigt, was dich hier erwartet. Während in den Bars gefeiert wird, warten draußen die Prostituierten auf Kunden.

Im 11. Arrondissement, einem weiteren Hotspot des Pariser Nachtlebens, geht es etwas gesitteter zu. Hier wird insbesondere in der Gegend um die *Rue Oberkampf* und im Schatten der

Opéra Bastille, rund um die Rue du Faubourg Saint-Antoine an der Grenze zum 12. Arrondissement, gefeiert.

Die drei großen Plätze – *Place de la République, Place de la Bastille* und *Place de la Nation* – wurden in den vergangenen Jahren aufwendig umgebaut. Die mehrspurigen Verkehrsachsen, die man früher nur betreten konnte, wenn sie mal wieder für eine Demo gesperrt waren (du befindest dich hier schließlich im Herzen des revolutionären Paris!), sind heute für Fußgänger, Skater und Radfahrer gedacht.

Das 12. Arrondissement, einst Viertel der Handwerker und Möbelhändler, ist heute Geschäftsviertel und Sitz des Wirtschaftsministeriums. Mit der neuen Oper (Opéra Bastille), der Cinematèque und seinem Stadion (AccorHotels Arena), dessen Name zum großen Ärger der Bewohner von der Stadt vermarktet wurde, hat es auch kulturell einiges auf dem Kasten. Wenn du ein bisschen Zeit mitbringst, solltest du unbedingt über die Coulée verte René-Dumont zum Bois de Vincennes spazieren.

41 MODELLEISENBAHN GARE DE L'EST

Unter dem Ostbahnhof verbergen sich die drei Miniaturstreckennetze der Association Française des Amis des Chemins de fer. Hier lassen ehemalige Bahnangestellte und andere Angefixte Modelleisenbahnen fahren. Samstagnachmittags ist dieser urige Ort kostenlos der Öffentlichkeit zugänglich. Die älteren Herrschaften antworten geduldig auf Fragen und haben unzählige Anekdoten parat. So wie die vom deutschen Offizier, der hier im Zweiten Weltkrieg Bauteile gestohlen haben soll, um sie Obernazi Hermann Göring zu schenken. Sa 15–18 Uhr (Aug. und feiertags geschl. | Eintritt frei | Gare de l'Est, Parking Alsace, Porte 9 | M 4, 5, 7 Gare de l'Est | short.travel/par11 | 1/2 Std. | 10. Arr. | N5

42 CANAL SAINT-MARTIN

Am Kanal Saint-Martin kannst du nicht nur picknicken, der Kanal ist auch befahrbar: In knapp drei Stunden kannst du dich vom Musée d'Orsay (s. S. 46) durch Schleusen, Tunnel und unter Brücken hindurch zum Parc de la Villette schippern lassen. März

bis Mitte Dez. tgl. | Abfahrt: 9.45 Uhr ab Quai Anatole France oder 14.30 Uhr ab Parc de la Villette | Fahrt 20 Euro, Kinder 4–11 J. 13 Euro, 12–25 J. 17 Euro | pariscanal.com | 3 Std. | 10./19. Arr. | N–O 4–6

43 LE QUADRILATÈRE DE L'HÔPITAL SAINT-LOUIS

Hinter dem Krankenhaus Saint-Louis unweit des Canal Saint-Martin verbirgt sich eine kleine Oase aus einer anderen Zeit! Die ursprüngli-

INSIDER-TIPP
Ein Fleckchen Grün für Entdecker

10.–12. ARRONDISSEMENT

Bastille: Statt des Gefängnisses wird heute – manchmal – die Oper gestürmt

chen Gemäuer wurden zu Beginn des 17 Jhs. zur Isolierung der Pestkranken errichtet. Der viereckige Innenhof erinnert dich an die Place des Vosges (s. S. 37)? Da liegst du nicht ganz falsch: An beiden Orten waren die Architekten von König Henri IV. am Werk. Neben Patienten und Krankenhauspersonal belagern Familien aus dem Viertel die weitläufigen Wiesen mit den großen, Schatten spendenden Bäumen. *Mo–Fr 8–18, April–Sept. auch Sa/So 11–18 Uhr | 1, Av. Claude-Vellefaux | M 11 Goncourt | 10. Arr. | ⌂ O5*

44 ATELIER DES LUMIÈRES 👓

In dieser ehemaligen Gießerei steht

INSIDER-TIPP
Kunst 4.0

man nicht vor den verschiedensten Kunstwerken, sondern mit-

tendrin – hier werden Klassiker der Malerei digital neu erfunden! Modernste 3D-Technik und über hundert Videoprojektoren machen's möglich. Achtung: Wenn du nach 16 Uhr oder am Wochenende kommst, unbedingt vorher online reservieren, da die Kasse dann nicht besetzt ist. *Mo–Do 10–18, Fr/Sa 10–22, So 10–19 Uhr | Eintritt 14,50 Euro, 5–25 Jahre 9,50 Euro | 38, Rue Saint-Maur | M 3 Rue Saint-Maur | atelier-lumieres.com | ⏱ 1,5 Std. | 11. Arr. | ⌂ P7*

45 MUSÉE EDITH PIAF

Das Museum befindet sich in der winzigen Wohnung, in der die Sängerin zu Beginn ihrer Karriere lebte. Bilder, Gegenstände und Kleidungsstücke lassen die Piaf wieder lebendig werden. *Mo–Mi 13–18, Do 10–12 Uhr |*

nur nach tel. Vereinbarung: Tel. 01 43 55 52 72 | Eintritt frei | 5, Rue Crespin du Gast | M 2 Ménilmontant | ⏱ 30 Min.–1 Std. | 11. Arr. | 🗺 P6

46 OPÉRA BASTILLE

Die silbrig glänzende Fassade des 1989 von Carlos Ott fertiggestellten Baus aus Glas, Stahl und Granit an der Place de la Bastille sticht deutlich aus der Umgebung hervor. Auch wenn du dir keine Aufführung (Oper und Ballett) anschauen möchtest, so lohnt sich doch eine eineinhalbstündige Besichtigung *(Termine werden auf der Website bekannt gegeben). Eintritt 17 Euro | Place de la Bastille | M 1, 5, 8 Bastille | operadeparis.fr | ⏱ 45 Min. | 12. Arr. | 🗺 O9*

47 COULÉE VERTE RENÉ-DUMONT

Was dem New Yorker die High Line, das ist dem Pariser die Coulée Verte: Entlang einer 1969 stillgelegten Bahnlinie kannst du von der *Place de la Bastille* 4,5 km durch das 12. Arrondissement in Richtung des riesigen Stadtwalds *Bois de Vincennes* spazieren. Die grüne Oase wurde Ende der 1980er-Jahre von den Landschaftsarchitekten Philippe Mathieux und Jacques Vergely entworfen. Perfekt, wenn du für einen Augenblick der Großstadthektik entkommen möchtest (s. Erlebnistour 5). Los geht's *44–46, Rue de Lyon.* Hier führt eine Treppe auf das *Viaduc des Arts. Die Öffnungszeiten variieren je nach Jahreszeit von 8 Uhr bis 21.30 im Sommer und bis 17.45 Uhr im Winter | M 1, 5, 8 Bastille | ⏱ 1,5–3 Std. | 12. Arr. | 🗺 O–Q 9–10*

MONTPAR-NASSE BIS BOIS DE BOULOGNE

Im Süden von Paris ziehen sich die Arrondissements 13 bis 16 von Ost nach West. Je weiter man nach Westen kommt, umso schicker werden die Wohnviertel.

Das 13. Arrondissement, ein ehemaliges Arbeiterviertel, ist genau das Richtige, wenn du aus dem Trott der Touristenmassen ausbrechen willst. Bekannt ist es für sein chinesisches Viertel rund um die *Avenue de Choisy.* Der Bau der uniformen Betonklötze, die du hier siehst, wurde zum Glück Mitte der 1970er-Jahre vom Präsidenten Valéry Giscard d'Estaing, kaum war er gewählt, gestoppt. Da ragten nur leider schon an die 30 Hochhäuser in den Himmel. Sein Nachfolger François Mitterrand bescherte dem Arrondissement die vier Türme der *Nationalbibliothek.*

Im benachbarten 14. Arrondissement steht das nach dem Eiffelturm zweithöchste Gebäude der Stadt: *La Tour Montparnasse,* der bis 2023 grundsaniert wird. Auf den Spuren der modernen Architektursünden geht es weiter in den größten Bezirk, das 15. Arrondissement, in dem es gediegen und familiär zugeht. Im Stadtteil *Beaugrenelle* kannst du dir anschauen, wie die „vertikale Stadt" nach Le Corbusier in der Praxis aussieht.

13.–16. ARRONDISSEMENT

58 Jardin d'Acclimatation
57 Fondation Louis Vuitton
56 Bois de Boulogne
Musée Marmottan 52
Le Corbusier 55
51 Île aux Cygnes
Palais de Tokyo 53 54 Musée d'Art Moderne de la Ville de Paris
Montparnasse 50
49 Les Catacombes
Bibliothèque Nationale de France 48
Parc des Buttes-Chaumont
Jardin du Luxembourg

2 km
1.24 mi

Im 16. Arrondissement angekommen, solltest du noch einmal einen Blick rüber zum Eiffelturm werfen: Am besten bekommst du den Eiffelturm nämlich vom Vorplatz des *Palais de Chaillot*, auf der anderen Seite der Seine, aufs Bild. Architekturfans müssen anschließend noch einen Abstecher in die *Cité de l'Architecture et du Patrimoine (citedelarchitecture.fr)* machen, in der wichtige französische Bauwerke und Architekten ab dem 12. Jh. vorgestellt werden.

48 BIBLIOTHÈQUE NATIONALE DE FRANCE

Du interessierst dich für moderne Architektur? Dann auf zu den vier Glastürmen, die in Form aufgeklappter

Bücher ein kleines Wäldchen nicht weit vom Seine-Ufer umranden. Das 1996 fertiggestellte Gebäude der Französischen Nationalbibliothek geht auf die Initiative des Präsidenten François Mitterrand zurück. *Di–Sa 10–19, So 13–19 Uhr | Eintritt Präsenzbibliothek 3,90 Euro/Tag, ab 17 Uhr frei, Wechselausstellungen 9 Euro | Quai François Mauriac | M 14, RER C Bibliothèque François Mitterrand | bnf.fr | 13. Arr. | ▢ P12*

49 LES CATACOMBES ☂

Aus den unterirdischen Steinbrüchen wurde das Material für die Pariser Bauten gewonnen. Das über 300 km lange Gangsystem, in dem manche Pariser nachts illegal Feste feiern, kann teilweise besichtigt werden. Da die Pariser Friedhöfe bis ins 18. Jh.

stark überfüllt waren, hat man dort die Gebeine früherer Generationen dekorativ aufgeschichtet. *Di–So 10–20.30 Uhr (letzter Einlass 19.30 Uhr), Achtung: oft sehr lange Wartezeiten! | Eintritt 13 Euro oder 29 Euro online für Eintritt plus Audioguide – ohne Schlangestehen | Start der Besichtigung: Place Denfert-Rochereau | M 4, 6, RER B Denfert-Rochereau | catacombes. paris.fr |* ⏱ *45 Min. |* *14. Arr. |* 🗺 *K12*

🟧 50 MONTPARNASSE

Der asbestverseuchte, alles überragende Wolkenkratzer *Tour Montparnasse (April–Sept. tgl. 9.30–23.30, Okt.–März So–Do 9.30–22.30, Fr/Sa bis 23 Uhr | 18 Euro | tourmontparnas se56.com)* war lange nur von seiner Aussichtsterrasse zu genießen. Bis zu den Olympischen Spielen 2024 wird

dem Wolkenkratzer nun ein neues modernes Outfit verliehen. Wenn du durch das Quartier flanierst, wirst du inmitten teils hässlicher Gebäude aus den 1960er-Jahren immer wieder auch idyllische, begrünte Hinterhöfe und Ateliers entdecken, in denen früher große Künstler wirkten und die auch heute noch künstlerisch genutzt werden. Im *Chemin du Montparnasse* an der Avenue du Maine arbeiteten beispielsweise Pablo Picasso, Amedeo Modigliani, Marc Chagall und Henri Matisse nach dem Ersten Weltkrieg. Ihre Stammlokale wie *La Coupole, Closerie des Lilas, Le Dôme* oder *La Rotonde* sind auch heute noch beliebte Treffpunkte. In Letzterem hielten Lenin und Leo Trotzki einst politische Versammlungen ab, die regelmäßig von der Polizei unterbrochen wurden. Auf

Schädelstätte: Die Katakomben bewahren das Andenken an vergangene Generationen

ndem *Cimetière du Montparnasse* ruhen neben anderen die Dichter Samuel Beckett, Charles Baudelaire und das Literaturpaar Jean-Paul Sartre und Simone de Beauvoir. *M 4, 6, 12, 13 Montparnasse-Bienvenüe, M 6 Edgar Quinet | 14. Arr. | ◫ J–K 10–12*

51 ÎLE AUX CYGNES

Unweit vom Eiffelturm führt eine Treppe vom *Pont de Bir-Hakeim* hinab auf eine rund 10 m breite und 1 km lange Insel. Im Gegensatz zu den beiden anderen Pariser Seine-Inseln wurde diese 1825 künstlich angelegt. Hierher kannst du dich retten, wenn du genug vom Pariser Verkehrschaos hast. Während am linken und rechten Seine-Ufer der Verkehr vorbeirauscht, ist die *Avenue des Cygnes,* die sich über die gesamte Insel zieht, das Revier der Flaneure und Jogger. Die Bänke warten nur darauf, dass du dich auf ihnen niederlässt.

Am anderen Ende der Insel blickt die Freiheitsstatue auf die Vorbeiziehenden Schiffe. Denn auch Paris hat seine Replik der Freiheitsstatue des französischen Bildhauers Auguste Bartholdi. Und nicht nur eine! Weitere Nachbildungen von Miss Liberty findest du im *Musée d'Orsay* (s. S. 46), im *Musée des Arts et Métiers (arts-et-metiers.net)*, im *Jardin du Luxembourg* (s. S. 44), und an dem Tunnel am *Pont d'Alma,* wo 1997 Lady Di verunglückte, steht die Flamme der Freiheit in Originalgröße. Unnötig, extra nach New York zu fliegen, um das Symbol der Freiheit, das Frankreich einst den USA ver-

INSIDER-TIPP
Miss Liberty im Viererpack

Über den Pont de Bir-Hakeim kommt man auf die Schwaneninsel, die Île aux Cygnes

machte, zu bestaunen! Das 11,5 m hohe Modell auf der Île aux Cygnes, ein Geschenk der USA an Frankreich anlässlich des hundertjährigen Jubiläums der Französischen Revolution 1889, erspart dir einige Flugstunden. *M 6 Bir-Hakeim, M 10 Charles Michels | 15. Arr. | ⊞ D–E 8–9*

52 MUSÉE MARMOTTAN

Das Bild, das dem Impressionismus seinen Namen gab, „Impression Soleil Levant", hängt neben hundert anderen Meisterwerken Claude Monets (1840–1926) im Erdgeschoss der prachtvollen Villa nahe dem Bois de Boulogne. Bibelmalereien und Gemälde aus der Privatsammlung Monets (von Edgar Degas, Edouard Manet, Auguste Renoir) schmücken die oberen Räume. Ein Muss für jeden Liebhaber des impressionistischen Malerei! *Di–So 10–18 Uhr (Do bis 21 Uhr) | Eintritt 12 Euro | 2, Rue Louis Boilly | 16. Arr. | M 9 La Muette | marmottan.fr | ⊙ 1,5 Std. | 16. Arr. | ⊞ C7*

53 PALAIS DE TOKYO

Kein Museum im klassischen Sinn. In den für die Weltausstellung von 1937 errichteten Hallen gleich neben dem Musée d'Art Moderne de la Ville de Paris (s. rechts) präsentieren zeitgenössische Künstler in Wechselausstellungen ihre zum Teil provozierenden und mitunter riesigen Installationen. In gleich drei trendigen *Museumsrestaurants* kannst du hier gechillt essen. *Mi–Mo 12–24 Uhr | Eintritt 12 Euro | 13, Av. du Président Wilson | M 9 Iéna | palaisdetokyo.com | ⊙ 2 Std. | 16. Arr. | ⊞ F7*

54 MUSÉE D'ART MODERNE DE LA VILLE DE PARIS ☎

Unter den Exponaten moderner Kunst (Fernand Léger, Robert Delaunay, Pablo Picasso, Georges Braque, Amedeo Modigliani) kannst du in dem frisch renovierten Museum u. a. Raoul Dufys „La Fée Electricité" und „La Danse" von Henri Matisse bewundern. *Di–So 10–18 Uhr (Do Wechselausstellungen bis 22 Uhr) | Eintritt frei (Wechselausstellungen 5–12 Euro) | 11, Av. du Président Wilson | M 9 Iéna | mam.paris.fr | ⊙ 2 Std. | 16. Arr. | ⊞ F7*

55 LE CORBUSIER

17 Werke des französisch-schweizerischen Architekten Le Corbusier wurden 2016 zum Weltkulturerbe erhoben. Zwei dieser Gebäude kannst du in Paris besichtigen: das Haus des Kunstsammlers Raoul La Roche sowie das frisch restaurierte Atelier und die Wohnung des Architekten selbst. Beide Gebäude liegen ca. 20 Gehminuten auseinander. *Eintritt 8 bzw. 10 Euro, Kombiticket 15 Euro. Atelier & Appartement (Mo/Di 14–18, Sa 10–13 u. 13.30–18 Uhr | 24, Rue Nungesser et Coli | M 10 Porte d'Auteuil | 16. Arr. | ⊞ B10) und Maison La Roche (Mo 13.30–18, Di–Sa 10–18 Uhr | 10, Square du Docteur Blanche | M 9 Jasmin | 16. Arr. | ⊞ B9). fondationlecorbusier.fr | ⊙ je rund 1 Std.*

56 BOIS DE BOULOGNE

Die 8,45 km² große grüne Lunge im Westen von Paris war zu Beginn des 20. Jhs. der mondäne Freizeittreffpunkt der Pariser. Viele Wander-, Reit- und Radwege sowie kleine Seen, zwei

Schon das Gebäude ist ein avantgardistisches Kunstwerk: Fondation Louis Vuitton

Pferderennbahnen und diverse Restaurants liegen in dem leider auch von etlichen Straßen zerschnittenen und von Prostituierten bevölkerten Park mit seinen Wäldern. Im 18. Jh. ließ der Adel hier kleine Lustschlösser errichten. Besonders bekannt ist das Bagatelle-Schlösschen im *Parc de Bagatelle (Eintritt Mai–Okt. 2,50 Euro, Nov.–April frei)*, der äußerst gepflegt und von Wasserläufen durchzogen ist und dessen Rosengarten ein echtes Highlight für Blumenfreunde darstellt. Der nahe liegende 👯 *Jardin d'Acclimatation* ist ein Kinderparadies und auch für Große ein Spaß. Es gibt zwei Fahrradverleihe, und am *Lac Inférieur* kannst du ein Ruderboot mieten. *M 1 Les Sablons | A–D 4–9*

57 FONDATION LOUIS VUITTON
Die riesige futuristische Glaswolke des Stararchitekten Frank Gehry schmückt den östlichen Teil des Bois de Boulogne. Schon das Gebäude, in dessen 11 bis 21 m hohen Galerien man sich leicht verirrt, ist ein Kunstwerk. In diesen Räumen ist aktuelle Kunst von Weltklasse untergebracht. Dabei dürfen Gerhard Richter, Jeff Koons oder Olafur Eliasson natürlich nicht fehlen. Wechselnde Ausstellungen und dazu Konzerte zeitgenössischer Musik runden das Gesamtkunstwerk ab. *Öffnungszeiten variieren je nach Saison | Eintritt 16 Euro | 8, Av. du Mahatma Gandhi | M 1 Le Sablons | fondation louisvuitton.fr | ⏱ 2 Std. | B5*

58 JARDIN D'ACCLIMATATION 👯
Im eleganten Teil des Bois de Boulogne zeugt dieser Ort mit ungewöhnlichen Spielplätzen, Karussells, Tieren und Wasserläufen vom Charme des 19. Jhs. *Mo–Fr 11–18, Sa/So 10–19 Uhr | Eintritt 5 Euro, bis 3 J. frei, 2,90 Euro*

pro Karussell, 29 Euro Tageskarte inklusive Karussellfahrten | M 1 Les Sablons | jardindacclimatation.fr | ⏱ mind. 1/2, besser 1 Tag | ▢ B4–5

MONT-MARTRE BIS BELLEVILLE

Im Norden von Paris ziehen sich die Arrondissements 17. bis 20. von West nach Ost. Nördlich der Place de Ternes und des Parc Monceau zeigt sich das 17. Arrondissement von seiner pompösen Seite.

In der Rue Fortuny, in der Edmond Rostand seinen „Cyrano de Bergerac" schrieb und der ehemalige französische Staatspräsident Nicolas Sarkozy

aufwuchs, springt dir die Pracht der herrschaftlichen Stadthäuser aus dem 19. Jh. entgegen. Im Norden des 17., dort, wo die Menschen auf wesentlich bescheidenerem Fuß leben, wurde rund um den *Parc Martin Luther-King* gerade das Ökoviertel *Clichy-Batignolles* aus dem Boden gestampft.

Beim 18. Arrondissement denkt man natürlich gleich an das legendäre Künstler- und Amüsierviertel ⭐ *Montmartre* (s. Erlebnistour 3, S. 135). Klar, das ist natürlich ein Muss. Wenn du anschließend noch was vom multikulturellen Paris sehen willst, steig nicht gleich wieder in die Métro. Das 18. hat noch eine andere Seite: weniger pittoresk, aber nicht weniger lebendig! Auf dem Weg ins 19. kommst du durch das afrikanische Viertel *Goutte d'Or.* Um gegen den schlechten Ruf des Viertels, das lange als No-go-Area galt, anzukämpfen, hat die hier ansässige Modeschöpferin Sakina M'sa kurzerhand Oberteile mit der Liebeserklärung „Goutte d'or, j'adore" kreiert.

Im 19. Arrondissement angekommen, kannst du ganz wunderbar am *Canal de l'Ourcq* entlang hoch zum *Parc de la Villette (lavillette.com)* spazieren. Dort, wo bis in die 1970er-Jahre Schlachthöfe standen, liegt heute eine riesige Parkanlage mit Themengärten, Spielplätzen, Museen und Veranstaltungsorten. Nicht weit: Der von Napoleon III. angelegte *Parc des Buttes-Chaumont,* in dem die Pariser bei gutem Wetter dicht an dicht auf den Wiesen liegen. Wenn du genug vom Faulenzen hast, geht's weiter ins 20. Arrondissement: Ein Bummel durch das hippe *Belleville* und dann ab zu

17.–20. ARRONDISSEMENT

61 Urban Art Museum
65 Cité des Sciences et de l'Industrie
60 La Cité des Fleurs
Rue Ordener
La Villette
Ave. Jean Lolive
59 Les Batignolles
Place du Tertre
Cimetière de Montmartre **64** **62** **63** Sacré-Cœur
Ave. Jean Jaurès
66 Parc des Buttes-Chaumont
Parc Monceau
67 Belleville
Jardin des Tuileries
Quai d'Orsay
Cimetière du Père Lachaise **68**

1 km
0.62 mi

Jim Morrison auf den Friedhof *Père Lachaise*.

59 LES BATIGNOLLES

Es gibt ein Paris jenseits der Touristenmassen! Hier kannst du dir eine Scheibe vom Pariser Alltag abschneiden. Junge, gut verdienende Familien reißen sich um die Wohnungen rund um die Kirche *Sainte-Marie-des-Batignolles* gegenüber vom Square des Batignolles. Der *Marché des Batignolles (Di–So | 96 bis, rue Lemercier)* versorgt die Bewohner mit frischem Obst und Gemüse. Wer es gerne ohne Pestizide mag, geht samstags auf den *Marché biologique* (s. S. 100). Nimm dir Zeit und schlendere durch die Rue des Batignolles, die Rue Legendre bis zur Rue Lemercier. Du wirst schnell verstehen, warum Künstler wie der Maler

Édouard Manet, der Schriftsteller Émile Zola oder der Chansonnier Jacques Brel das Viertel liebten. *M 13 Brochant | ◷ locker 1/2 Tag | 17. Arr. | ▥ H–J3*

60 LA CITÉ DES FLEURS

Nur wenige Pariser genießen das Privileg, in einer Villa mit begrüntem Vorgarten zu leben. Glücklicherweise sind die Bewohner dieser 320 m langen privaten Straße so nett, das Tor zu bestimmten Zeiten für Besucher zu öffnen. Eine Gedenktafel erinnert an ein trauriges Stück Geschichte: Im Haus Nr. 25 wurden unter der deutschen Besatzung zwei Widerstandskämpferinnen hingerichtet und sechs weitere deportiert. Das war 1944, ein paar Monate, nachdem die Schau-

INSIDER-TIPP
Zu Besuch in der Blumensiedlung

spielerin Catherine Deneuve in eben-
dieser Straße das Licht der Welt er-
blickt hatte. *Mo–Sa 7–19 Uhr, So 7–13
Uhr | Cité des Fleurs | M 13 Brochant |
17. Arr. | ▥ H–J2*

61 URBAN ART MUSEUM

Zugegeben, Street-Art und Museum
hört sich erst mal schräg an. Um zu-
sammenzubringen, was nicht zusam-
mengehört, hat der Straßenkunst-
sammler Nicolas Laugero Lasserre die
innovative Programmierschule „42"
als Ausstellungsort gewählt. Auf Reservierung bekommst du hier 📷 ganz
umsonst eine Führung durch das
Reich der Geeks mit seiner geballten
Ladung urbaner Kunst: 150 Werke
von 50 Künstlern auf 4000 m². Im Erd-
geschoss der ersten französischen
Peer-to-Peer-Universität wirst du von
den großen Klassikern des Genres wie
Shepard Fairey, Invader und JR emp-
fangen. Im ersten Stock geht's mit
Klassikern der französischen Straßen
weiter, und der letzte Stock ist den auf-
steigenden Sternen der Szene gewid-
met. *Jeden zweiten Di 18–21 Uhr, Füh-
rung auf Englisch um 19 Uhr | Eintritt
frei | 96, Boulevard Bessières | M 13
Porte de Clichy | art42.fr | ⏱ 1,5 Std. |
17. Arr. | ▥ H1*

62 PLACE DU TERTRE

Von der einstigen dörflichen Ruhe ist
hier kaum noch etwas zu spüren. Stattdessen zieht dieser Platz Scharen von
Touristen an, die sich von mehr oder
weniger begabten Künstlern porträ-
tieren lassen. In den den Platz säu-
menden Cafés kann man über die Zeit
sinnieren, als noch die ganz Großen

dieser Berufssparte hier weilten. *M 12
Abbesses | 18. Arr. | ▥ L3*

63 SACRÉ-CŒUR

Fast unwirklich leuchtet die blendend
weiße Basilika hoch über der Stadt auf
dem Montmartre-Hügel. In den Au-
gen vieler Spötter handelt es sich bei
den Kuppeln um eine Zuckerbäcker-
spielerei. Auffallend im Inneren ist das
riesige goldene Mosaik nach byzanti-
nischem Vorbild. Das Bauwerk wurde
als nationales Mahnmal nach der Nie-
derlage Frankreichs im Krieg 1870/71
gegen Deutschland errichtet. 1919
wurde die Wallfahrtskirche dem „Herzen Jesu" geweiht. Heute pilgern täg-

Porträtisten am Werk auf
der Place du Tertre

lich Tausende von Touristen die vielen Treppen hinauf, um den imposanten Blick vom Kirchenvorplatz über Paris zu genießen. Wenn du es bequem magst, kannst du mit der kleinen Bergbahn hinauffahren (Preis: eine Métrofahrt bzw. umsonst, wenn du ein Tagesticket hast). *Tgl. 6–22.30 Uhr | 35, Rue du Chevalier de la Barre | M 2 Anvers | sacre-coeur-montmartre.com | 18. Arr. | L3*

64 CIMETIÈRE DE MONTMARTRE

Auf dem malerisch gestalteten Friedhof haben viele Künstler und Literaten, darunter Hector Berlioz, Heinrich Heine, Alexandre Dumas, Edgar Degas, Jacques Offenbach, François Truffaut, Vaslav Nijinsky, Émile Zola und Stendhal ihre letzte Ruhestätte gefunden. *Tgl. 8/9–17.30/18 Uhr | 20, Av. Rachel (Haupteingang) | M 2 Blanche, M 2, 13 Place de Clichy | 18. Arr. | J–K3*

65 CITÉ DES SCIENCES ET DE L'INDUSTRIE

Das futuristische Wissenschaftsmuseum lässt Besucher mit U-Boot, Flugsimulator und Planetarium zu Forschern werden. Die silberne Riesenkugel La Géode bietet stündlich 360-Grad-Großkinovorstellungen zu naturwissenschaftlichen Themen. *Di–Sa 10–18, So 10–19 Uhr | je nach Auswahl gestaffelte Preise ab 12 Euro, Kinder 9 Euro | 30, Av. Corentin Cariou | M 7 Porte de la Villette | cite-sciences. fr | ⏱ locker 1/2 Tag | 19. Arr. | Q1–2*

66 PARC DES BUTTES-CHAUMONT

Mit seinen Felsen, Grotten, Brücken, Pavillons und Wasserfällen ist der nur

Sehr fantasievolle Grabgestaltung auf dem Friedhof Père Lachaise

15 Métrominuten vom Stadtzentrum entfernte Park einer der größten und ganz bestimmt der originellste der Stadt. Auf einem Schuttplatz im Pariser Osten ließ Napoleon III. im 19. Jh. die pittoreske Landschaft im englischen Stil mit Grotten, Felsen, Tempelchen und Wasserfällen anlegen. Mithilfe damals modernster Technik und vieler Sprengungen wurde das terrassierte Gelände abwechslungsreich gestaltet – u. a. wurde der See mit seiner Insel geschaffen – und mit außergewöhnlicher Vegetation bepflanzt. *M 7b Buttes-Chaumont | 19. Arr. | ⫏ P–Q 4–5*

67 BELLEVILLE

Im Gegensatz zum reichen Westen der Stadt hat sich das Viertel Belleville seinen volkstümlichen Charakter weitgehend bewahrt. Die *Villa de l'Ermitage* und die *Cité Leroy,* versteckte Gassen mit winzigen Häusern, lassen erahnen, wie die Arbeiter im 19. Jh. hier gelebt haben. Authentisches Kiezleben ohne Touristenrummel ist hier noch in einigen Musette-Lokalen zu spüren – fast wie damals, als Edith Piaf hier aufwuchs. Seit Künstler den Charme des Viertels und die noch relativ niedrigen Preise entdeckt haben, ist Belleville in Mode. Einen schönen Blick über Paris und die sich steil den Berg hinaufziehenden Gassen hast du vom Belvedere oberhalb des Parks von Belleville. *M 2, 11 Belleville | 20. Arr. | ⫏ P–Q 5–6*

68 CIMETIÈRE DU PÈRE LACHAISE

Mit einer Fläche von 44 ha, 12 000 Bäumen und 1,5 Mio. Gräbern der größte und mit seinen teilweise pompösen Grabmälern sicher auch der spektakulärste Friedhof von Paris. Regelrechte Pilgerstätten sind vor allem die Gräber von Doors-Sänger Jim Morrison und Edith Piaf. Aber auch Yves Montand mit Simone Signoret, Maria Callas, Honoré de Balzac, Marcel Proust, Oscar Wilde, Frédéric Chopin und Molière sind hier begraben. *Tgl. 8/9–17.30/18 Uhr | Haupteingang Blvd. Ménilmontant | M 2, 3 Père Lachaise, M 2 Philippe Auguste | pere-lachaise.com | 20. Arr. | ⫏ Q–R 7–8*

AUSFLÜGE

69 DISNEYLAND PARIS 👥

40 km östl./45 Min. von Châtelet-Les Halles (RER A bis Marne-la-Vallée – Chessy)

Mit 12 Mio. Besuchern jährlich ist Walt Disneys Märchentraumland das europaweit wichtigste Touristenziel. *Tgl., tagesaktuelle Zeiten s. Website | Tagesticket ab 79 Euro, Kinder ab 72 Euro, im Internet günstigere Sonderangebote | 77700 Chessy | disneyland paris.fr |* ⏱ *mind. 1 Tag | ⫏ 0*

70 PARC ASTÉRIX 👥

40 km nördl./1 Std. ab Louvre über Autobahn A 1, Ausfahrt: Parc Astérix

Gute, etwas kleinere, dafür aber französische Alternative zu Disneyland. In den Themenparks mit unzähligen Fahrmöglichkeiten und Nachbauten des kleinen gallischen Dorfs verzaubern Asterix und seine Kumpel. *April– Nov. (außerhalb der Schulferien tw.*

unter der Woche geschl.) tgl. 10–18, tw. bis 22 Uhr | Eintritt 49 Euro, Kinder (3–11 J.) 41 Euro, Sonderpreise für Frühbucher im Internet | 60128 Plailly | Shuttlebus ab Busparkplatz Louvre (M 1, 7 Palais Royal-Musée du Louvre), Abfahrt: 9 Uhr (hin- und Rückfahrt ab 20 Euro im Internet, 23 Euro am Schalter, Kinder 16/19 Euro) | parcasterix.fr | ⏱ *1 Tag |* ▭ *0*

🟥 SAINT-DENIS

10 km nördl./20 Min. ab Gare Saint-Lazare (M 13 bis Basilique de Saint-Denis)

Beeindruckende frühgotische Pfeiler-basilika (Baubeginn 1135), die weg-weisend für diesen Baustil in ganz Frankreich werden sollte. Zu den Höhepunkten einer Besichtigung der im Pariser Vorort Saint-Denis gelegenen Kirche gehören auch die *Königsgrabmäler.* Über viele Jahrhunderte ließen sich fast alle Herrscher des Landes hier bestatten: 75 Grabdenkmäler sind in der Krypta zu bestaunen, jeweils bewacht von lebensgroßen Statuen der Verstorbenen. Die erste Kirche an dieser Stelle wurde im 5. Jh. gebaut, weil der Märtyrer Dionysius im Jahr 250 mit dem ihm auf dem Montmartre abgeschlagenen Kopf unter dem Arm hierher gewandert sein soll. *Sommer Mo–Sa 10–18.15 Uhr, So 12–18.15 Uhr,*

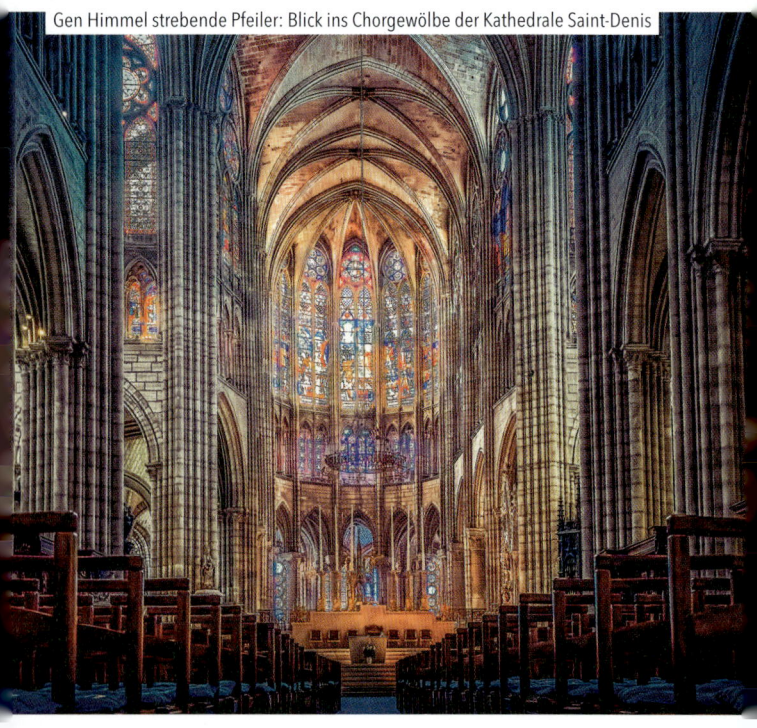

Gen Himmel strebende Pfeiler: Blick ins Chorgewölbe der Kathedrale Saint-Denis

GROSSRAUM PARIS

Chantilly

A16

Persan

70 Parc Astérix

L'Isle-Adam

Osny

Cergy

Pontoise

N104

A1

Louvres

N2

Vauréal

A15

Taverny

Domont

Goussainville

Eragny-sur-Oise

Saint-Leu-la-Forêt

Villiers-le-Bel

Andrésy

A115

Deuil-la-Barre

Gonesse

Mitry-Mory

Sannois

Tremblay-en-France

Meaux

Achères

Argenteuil

Stains

Dugny

Villepinte

A104

Claye-Souilly

Sartrouville

Bezons

A86

71 Saint-Denis

A3

Sevran

Villeparisis

Poissy

Houilles

Gennevilliers

Drancy

Livry-Gargan

A14

72 Saint-Germain-en-Laye

Aubervilliers

Gagny

Chelles

Rueil-Malmaison

Levallois-Perret

Bagnolet

Disneyland Paris **69**

La Celle-Saint-Cloud

Garches

Paris

Montreuil

Noisy-le-Grand

10 km

Boulogne-Billancourt

Saint-Mandé

A4

6.22 mi

A12

73 Versailles ★

Issy-les-Moulineaux

Champigny-sur-Marne

Bois-d'Arcy

Cachan

Alfortville

Chennevières-sur-Marne

Bourg-la-Reine

Winter Mo–Sa 10–17.15, So 12–17.15 Uhr | Gräber: 9 Euro | saint-denis-basilique.fr | ▭ *0*

72 SAINT-GERMAIN-EN-LAYE

20 km westl./25 Min. ab Charles de Gaulle-Étoile (RER A bis Saint-Germain-en-Laye)
Bereits im 19. Jh. waren Ausflüge in die alte Königsstadt Saint-Germain-en-Laye bei den Parisern populär: Das lag nicht nur an der bequemen Verbindung über die 1837 gebaute erste Eisenbahnverbindung des Landes. In der 40 000-Ew.-Stadt residierte bis Ende des 17. Jhs. das französische Königshaus. Um das festungsartige, fünfeckige *Schloss* mit einer 2 km langen *Aussichtsterrasse* hoch über der Seine haben die Architekten von Versailles einen herrlichen *Park* angelegt.

Saint-Germain hat sich bis heute das Flair einer sympathischen Provinzstadt bewahrt. In den Straßen und verkehrsberuhigten Gassen des alten Städtchens mit den schönen Adelspalästen können Sie herrlich flanieren und in den verschiedensten Geschäften selbst am Sonntagvormittag einkaufen. All das und auch der große Wald machen einen Aufenthalt unvergesslich. Im Ort kannst du das *Geburtshaus des Komponisten Claude Debussy (Mi–Fr 14–18, Sa 15–19, So 15–18 Uhr, Mitte Juli–Mitte Aug. nur Sa/So | 5 Euro | 38, Rue au Pain)* besichtigen. Besuchen solltest du auch das *Atelier des Symbolisten Maurice Denis (musee-mauricedenis.fr),* in dem auch Werke von Paul Gauguin und Pierre Bonnard ausgestellt sind. *seine-saint-germain.fr |* ▭ *0*

73 VERSAILLES ★

*22 km südwestl./40 Min. ab
Saint-Michel Notre-Dame (RER C bis
Versailles-Rive Gauche)*

Ein Besuch des gigantischen Schlosses Ludwigs XIV. ist ein absolutes Muss bei einem Paris-Aufenthalt. Kaum irgendwo anders ist ein Herrschaftsgedanke so konsequent und beeindruckend und dennoch so geschmackvoll und harmonisch wie in Versailles umgesetzt worden. Hier wurde die absolutistische und zentralistische Staatsidee Wirklichkeit, die im „Sonnenkönig" Ludwig XIV. (1638–1715) personifiziert ist. Auf sein Geheiß war hier fast der gesamte Adel des Landes untergebracht. Ein Hofstaat von bis zu 20 000 Menschen musste versorgt und durch Feste bei Laune gehalten werden.

Pflichtprogramm bei der Besichtigung des *Schlosses (April–Okt. Di–So 9–18.30, Nov.–März Di–So 9–17.30 Uhr | Eintritt 18 Euro, Nov.–März 1. So im Monat frei)* sind die *königliche Kapelle,* die *Oper* und die *Prunkgemächer* in der ersten Etage, deren Wände mit Marmor und Goldbrokat verziert sind. Dazu gehört auch der berühmte, 75 m lange *Spiegelsaal,* dessen 17 Fenster Licht auf die jeweils gegenüberliegenden Spiegel werfen.

Der einst 60 km² große *Park (April–Okt. tgl. 8–20.30, Nov.–März tgl. 8–18 Uhr | Eintritt frei | April–Okt. Sa/So und teilweise Di zu den Grandes Eaux Musicales 9,50 Euro)* erstreckt sich heute über immerhin noch 800 ha. Bei den *Grandes Eaux Musicales* werden die Wasserspiele der Parkbrunnen mit klassischer Musik untermalt. Höhe-

punkte der Anlage sind neben den Wasserbecken, auf denen du auch Bootsfahrten unternehmen kannst, die beiden Schlösschen *Grand* und *Petit Trianon*. Die neu hergerichtete *Domaine de Marie-Antoinette et Grand Trianon (April–Okt. Di–So 12–18.30, Nov.–März Di–So 12–17.30 Uhr | Eintritt 12 Euro)* umfasst neben Grotten, einem Liebestempel und Wasserläufen im englischen Garten auch *Le Hameau*, die idealisierte Nachbildung eines Bauerndorfs mit einem Teich. Wer nicht so gut zu Fuß ist, kann zeitweise auf Fahrrad, Touristenbahn oder Boot umsteigen.

Gesamtpaket „Passeport Château Versailles" 20 Euro, 27 Euro an Tagen der Grandes Eaux Musicales. Kartenvorverkauf übers Internet: *chateauversailles.fr.*

In einer knappen halben Stunde ist Versailles von Paris am einfachsten zu erreichen mit der S-Bahn RER C (Versailles-Rive Gauche). Vom Bahnhof sind es dann nur wenige Schritte. Von der Gare Saint-Lazare fahren ca. alle 15 Minuten Züge nach Versailles-Rive Droite (dort Bus Phébus), und von der Gare Montparnasse (Großrichtung Chartres) geht es nach Versailles-Chantier (dort Phébus). Der Bus 171 fährt ab Métrostation Pont de Sèvres (M 9) zum Schloss.

==Wenn du mit Einzeltickets unterwegs bist, solltest du am besten gleich Hin- und Rückfahrt lösen==, so erspart du dir lästiges Schlangestehen in Versailles. | ⏱ *mind. 1 Tag – bequeme Schuhe anziehen! |* ▭ *0*

INSIDER-TIPP

Einmal hin und zurück, bitte!

Frankreichs berühmtestes Schloss und imposantes Weltkulturerbe: Versailles

ESSEN & TRINKEN

Wenn du die vielfältige Gastronomie Frankreichs für dich entdecken willst, die in Paris ein Zentrum mit den wohl meisten hochkarätigen Restaurants weltweit besitzt, solltest du die folgenden grundsätzlichen Dinge über die französischen Essgewohnheiten wissen. Ist das Essen hier doch wesentliches Mittel sozialer Begegnung und wichtiger Teil des Lebensgenusses.

Das Frühstück *(petit déjeuner)* fällt in Frankreich für deutsche Verhältnisse oft eher bescheiden aus, wobei die Brunchkultur aber auch hier auf dem Vormarsch ist. Traditionell wird eher ein üppiges Mit-

Beliebt und berühmt: die Brasserie Bofinger

tagessen *(déjeuner)* serviert, das schon mal länger dauern kann und meist nur halb so teuer wie ein Abendessen *(dîner)* ist.

Abends füllen sich die Restaurants nicht vor 20 Uhr. Den Abend beginnen die Franzosen gerne mit einem Apéritif, kurz Apéro. Das kann ein Glas Kir, Pastis, Champagner oder auch einfach ein Bier sein, begleitet von mehr oder weniger raffiniertem Knabberzeug. Danach musst du dich entscheiden, ob du ein Menü nehmen oder dir deine Speisen frei aus der Karte auswählen willst. Bei großem Hunger ist Ersteres die günstigere Variante.

WO PARIS ISST

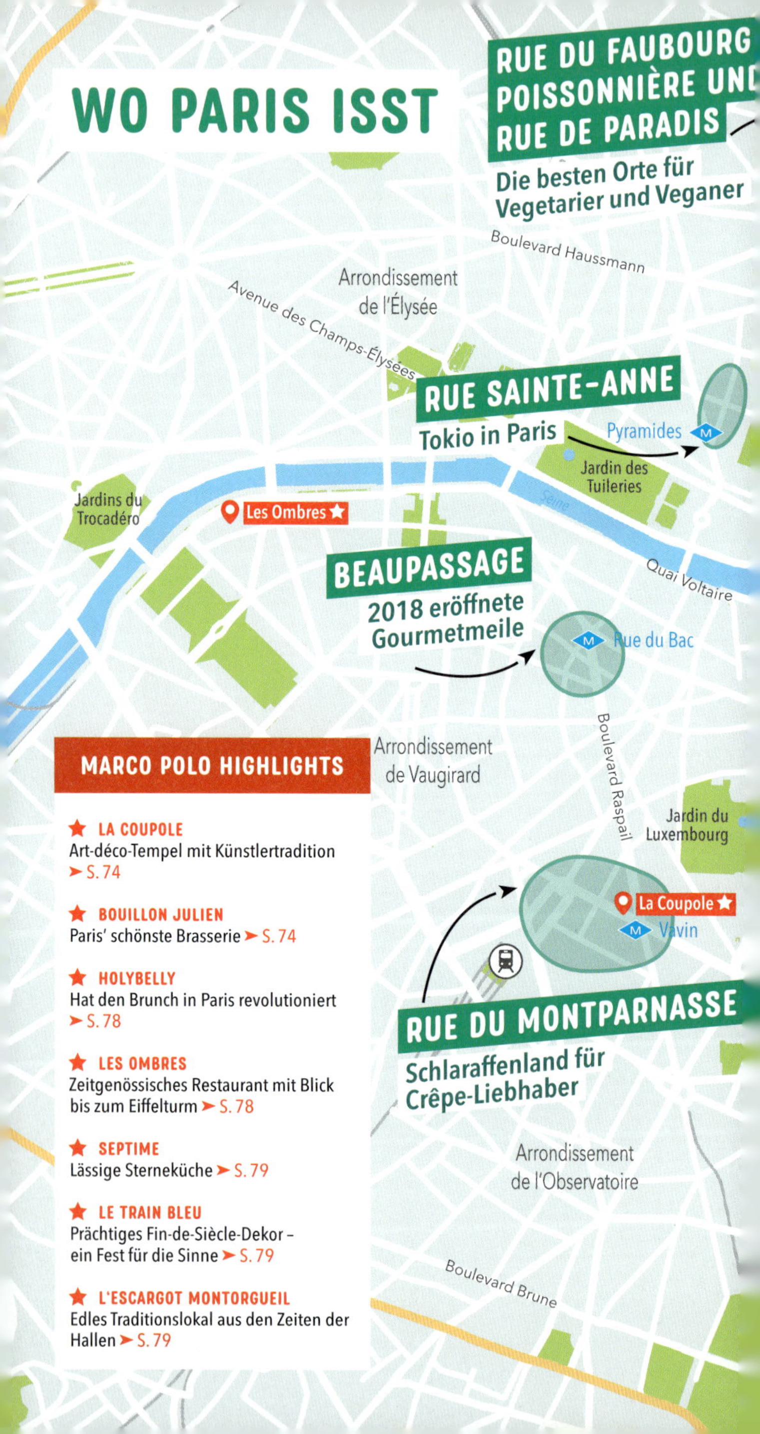

RUE DU FAUBOURG POISSONNIÈRE UND RUE DE PARADIS
Die besten Orte für Vegetarier und Veganer
Boulevard Haussmann
Arrondissement de l'Élysée
Avenue des Champs-Élysées
RUE SAINTE-ANNE
Tokio in Paris
Pyramides
M
Jardin des Tuileries
Seine
Jardins du Trocadéro
Les Ombres
BEAUPASSAGE
2018 eröffnete Gourmetmeile
Quai Voltaire
M
Rue du Bac
Boulevard Raspail
Arrondissement de Vaugirard
Jardin du Luxembourg
La Coupole
M
Vavin
RUE DU MONTPARNASSE
Schlaraffenland für Crêpe-Liebhaber
Arrondissement de l'Observatoire
Boulevard Brune

MARCO POLO HIGHLIGHTS

★ **LA COUPOLE**
Art-déco-Tempel mit Künstlertradition ➤ S. 74

★ **BOUILLON JULIEN**
Paris' schönste Brasserie ➤ S. 74

★ **HOLYBELLY**
Hat den Brunch in Paris revolutioniert ➤ S. 78

★ **LES OMBRES**
Zeitgenössisches Restaurant mit Blick bis zum Eiffelturm ➤ S. 78

★ **SEPTIME**
Lässige Sterneküche ➤ S. 79

★ **LE TRAIN BLEU**
Prächtiges Fin-de-Siècle-Dekor – ein Fest für die Sinne ➤ S. 79

★ **L'ESCARGOT MONTORGUEIL**
Edles Traditionslokal aus den Zeiten der Hallen ➤ S. 79

PASSAGE BRADY
Klein-Indien

Parc des Buttes-Chaumont

Ⓜ Poissonnière

🚇 Château d'Eau

Arrondissement de l'Entrepôt

📍 Holybelly ★

🔴 Bouillon Julien ★

RUE MONTORGUEIL
Gastromeile, die keine Wünsche offen lässt

Rue de la République

📍 L'Escargot Montorgueil ★

Ⓜ Châtelet - Les Halles

Arrondissement du Temple

Rue de Rivoli

Ⓜ Saint-Paul

Arrondissement de Popincourt

Île Saint-Louis

📍 Septime ★

RUE DES ROSIERS
Falafel-Sandwiches bis zum Abwinken

🔴 Le Train Bleu ★

Arrondissement du Panthéon

Jardin des Plantes

Arrondissement de Reuilly

Quai de Bercy

Arrondissement des Gobelins

 ◼ Olympiades

CHINATOWN
Ein Muss für Asia-Fans

Rue de Tolbiac

1 km
0.62 mi

Ein traditionelles Menü besteht aus der Vorspeise *(entrée)*, dem Hauptgericht *(plat)* – fast immer Fleisch *(viande)* oder Fisch *(poisson)* – sowie Käse *(fromage)* und Dessert. Nachspeise und Käse werden oft alternativ angeboten *(dessert ou fromage)*. Leitungswasser *(eau en carafe)* und Brot *(pain)* gibt es gratis dazu. Ein *café* oder *déca* (entkoffeinierter Kaffee) am Schluss darf natürlich nicht fehlen. Ein gutes Restaurant zeichnet sich immer auch durch eine umfassende Weinkarte aus. Als Trinkgeld *(pourboire)* sind 5–10 Prozent üblich.

BRASSERIEN

Brasserien gehören zu Paris wie die Biergärten zu München. Es handelt sich dabei – im Gegensatz zum kleinen, gemütlichen Bistrot mit kleiner Speisekarte – um relativ große Brauereigaststätten, die um die Wende zum 20. Jh. entstanden und in denen neben Meeresspezialitäten eher deftige Gerichte angeboten werden. Mit ihren oft glanzvollen Dekors aus der Belle Époque stehen viele von ihnen unter Denkmalschutz. Das Essen hier ist zwar nicht ganz billig, aber durchaus noch erschwinglich (€€).

BOFINGER ⚑

Unter der eindrucksvollen Glaskuppel im Jugendstil ist *choucroute de la mer*, Sauerkraut mit verschiedenen Fischen und Meeresfrüchten, nur einer der Renner. *Tgl. | 5–7, Rue de la Bastille | Tel. 01 42 72 87 82 | M 1, 5, 8 Bastille | www.bofingerparis.com | 4. Arr. | ▥ O9*

BRASSERIE LIPP ⚑

Die wohl bekannteste Pariser Brasserie. Hier verkehren Staatsmänner, Literaten, Schauspieler und natürlich massenweise Touristen. Die Küche ist alles andere als leicht. Die Spezialitäten: Fleischwurst mit Remouladensauce und gefüllter Schweinsfuß. Eine reichhaltige Karte und wechselnde Tagesgerichte. *Tgl. | 151, Blvd. Saint-Germain-des-Prés | Tel. 01 45 48 53 91 | M 4 Saint-Germain-des-Prés | brasserielipp.fr | 6. Arr. | ▥ K8*

BOUILLON JULIEN ⭐

Überbordender Stuck, blumenberankte Jugendstildamen, bunte Glasdächer über riesigen Spiegeln. Frisch restauriert sieht alles so aus wie zu Beginn des letzten Jahrhunderts, als hier Angestellte, Studenten, Arbeiter aus dem Nordosten von Paris speisten. Gerade wurde das Haus unter dem Motto von damals „beau, bon, pas cher" (schön, gut, günstig) neu eröffnet. Den Klassiker Chicorée mit Schinken gibt es schon für schlappe 10,80 Euro. *Tgl. | 16, Rue du Faubourg Saint-Denis | Tel. 01 47 70 12 06 | M 4, 8, 9 Strasbourg- Saint-Denis | bouillonjulienparis.com | 10. Arr. | ▥ M6*

LA COUPOLE ⭐

In dem Art-déco-Tempel verkehrten in den 1920er-Jahren Maler wie Chagall, Picasso und Dalí. Sagenumwoben: das Lammcurry, das hier seit 1927 nach einem traditionellen Rezept aus Südindien gekocht wird. *Tgl. | 102, Blvd. du Montparnasse | Tel. 01 43 20 14 20 | M 4 Vavin | lacoupole-paris.com | 14. Arr. | ▥ J10*

LE CAFÉ DU COMMERCE

Nicht weit entfernt vom Eiffelturm und trotzdem etwas abseits vom Touristenrummel, in einem gutbürgerlichen Wohnviertel, geht es hier auf drei offenen Etagen laut und gesellig zu. Die Zwiebelsuppe als Vorspeise geht immer. Mutige wagen sich ans Schwein: Von den Ohren bis zu den Füßen wird hier alles aufgetischt. *Tgl. | 51, Rue du Commerce | Tel. 01 45 75 03 27 | M 10 Avenue Émile Zola | lecafeducommerce.com | 15. Arr. | 🗺 F10*

CAFÉS

Paris ist bekannt für seine Cafés. Unumgängliche Klassiker, die sich ihr historisches Renommee bezahlen lassen, sind z.B. das *Café de Flore* und das *Les deux Magots*. Wenn du das authentische Paris von heute erleben willst, geh am besten in ein x-beliebiges Café in einem weniger touristischen Wohnviertel. Hier triffst du die echten Pariser, und der ☕ Kaffee ist um einiges günstiger. Wenn du deinen Kaffee am Tresen trinkst, zahlst du übrigens vielerorts weniger und kannst mit den Stammgästen ins Gespräch kommen.

INSIDER-TIPP
Stehen bleiben und Geld sparen

LES DEUX MAGOTS

Das berühmte „Café Littéraire" – so die Eigenwerbung –, in dem schon Ernest Hemingway seinen Whiskey trank, ist nach den zwei chinesischen Porzellanfiguren am Eingang benannt. Besonders schön sitzt man auf der Terrasse

In diesem Art-déco-Saal speisten und speisen Künstler und Literaten: La Coupole

Einst Existenzialisten-Treff, heute Touristen-Hotspot: das Café de Flore

gegenüber der Kirche Saint-Germain-des-Prés. *Tgl. | 6, Place Saint-Germain-des-Prés | Tel. 01 45 48 55 25 | M 4 Saint-Germain-des-Prés | lesdeuxmagots.fr | 6. Arr. | ⎵ K8*

CAFÉ DE FLORE
Eine Institution und seit Simone de Beauvoir, Jean-Paul Sartre und Albert Camus, die hier Stammgäste waren, Treffpunkt der Künstler, Literaten und Intellektuellen – heute tummeln sich hier Schickeria und Touristen. *Tgl. | 172, Blvd. Saint-Germain | Tel. 01 45 48 55 26 | M 4 Saint-Germain-des-Prés | cafedeflore.fr | 6. Arr. | ⎵ K8*

LE BARBOUQUIN
Einladend bunt und unkonventionell: Hier trifft sich das literarische Paris des 21. Jhs. Die „Bar der Bücher" ist Buchhandlung, Künstlertreff und Café im Belleville der Streetart-Künstler. Hier finden regelmäßig Literaturveranstaltungen und unangekündigte Theaterhappenings statt. *Di geschl. | 1, Rue Denoyez | Tel. 09 84 32 13 21 | M 2, 11 Belleville | facebook: @lebarbouquin | 20. Arr. | ⎵ P6*

BRUNCH

EGGS & CO
Der Name sagt bereits alles! Hier bekommst du Eier, natürlich aus Freilandhaltung, in allen erdenklichen Variationen. Typisch französisch: *œufs cocottes,* Eier aus dem Ofen, die du mit Kartoffeln und Salat serviert bekommst, mmh! Das Ambiente: eng und kuschelig, wie in einem Hühnerstall. *Tgl. | 11, Rue Bernard-Palissy | Tel.*

Unsere Empfehlung heute

Entrées

SOUPE À L'OIGNON GRATINÉE
Zwiebelsuppe, mit Käse überbacken

BOUILLABAISSE
Fischtopf aus Mittelmeerfischen

ESCARGOTS À LA BOURGUIGNONNE
In ihren Häusern gekochte Weinberg-
schnecken mit Knoblauchbutter

Viandes

BŒUF BOURGUIGNON
Rinderschmorbraten in Burgundersauce

COQ AU VIN
Huhn in Wein, meist Rotwein, aber auch
Riesling

NOISETTES D'AGNEAU
Kleine Lammkoteletts, in Butter
gebraten

CÔTES DE PORC AUX HERBES
Schweinekoteletts in Kräutersauce

Poissons

PLATEAU DE FRUITS DE MER
Meeresfrüchteplatte, z. B. mit *crevettes*
(Garnelen), *crabe* (Taschenkrebs),
moules (Muscheln), *huîtres* (Austern) –
oft roh serviert

MOULES MARINIÈRES
In Weißwein und Knoblauch
gedünstete Muscheln

**BROCHETTES DE COQUILLES
SAINT JACQUES**
Spieße mit Jakobsmuscheln

AIL DE RAIE AU BEURRE
Rochenflügel, in Butter gebraten

Desserts

TARTE TATIN
Gestürzter, karamellisierter Apfelkuchen

CRÈME BRÛLÉE
Warmes Dessert aus Eigelb, Zucker,
Rahm, Milch und Vanille

PROFITEROLES
Kleine Windbeutel mit Vanilleeis und
Schokosauce

Boissons

GRENADINE
Stilles Wasser mit Grenadinesirup

DIABOLO MENTHE
Limonade mit Pfefferminzsirup

KIR
Weißwein mit Crème de Cassis oder
einem anderen Fruchtlikör

01 45 44 02 52 | *M 4 Saint-Germain-des-Prés* | *eggsandco.fr* | *6. Arr.* | 🕮 *K9*

HOLYBELLY ⭐

Sarah Mouchot und Nico Alary sind schon seit dem Gymnasium ein Paar. Bevor die beiden jungen Franzosen mit der Eröffnung ihres „heiligen Bauchs" 2013 den Brunch in Paris revolutionierten, lebten und arbeiten sie eine Zeit lang in Kanada und Australien – daher auch der angelsächsische Einschlag. Ihre Spezialität: Pfannkuchen mit Speck und Ahornsirup. Eine gewagte Wette, die aber aufging: Die Gäste rennen ihnen die Bude ein.

INSIDER-TIPP
An einem Werktag brunchen

Am Wochenende solltest du den Laden daher meiden, da sich dann normalerweise eine lange Schlange die Straße hinunterschlängelt. *Tgl. bis 17 Uhr, letzte Bestellung 16 Uhr* | *5, Rue Lucien Sampaix* | *Tel. 01 82 28 00 80* | *M 5 Jacques Bonsergent* | *holybellycafe.com* | *10. Arr.* | 🕮 *N6*

RESTAURANTS €€€

SATURNE

Ein großes Glasdach überspannt die spartanische, in Holz gehaltene Einrichtung des Szenerestaurants. Im Vorraum befindet sich eine sehr gute Vinothek. Die Küche legt Wert auf tagesfrische Produkte, viele davon bio, und besticht durch Frische und Unkompliziertheit. *Sa/So geschl.* | *17, Rue Notre-Dame-des-Victoires* | *Tel. 01 42 60 31 90* | *M 3 Bourse* | *saturne-paris.fr* | *2. Arr.* | 🕮 *L6*

BEL CANTO

Soll's was Besonderes sein? Bei feinster italienischer Küche schmettern hier ausgebildete Opernsänger begleitet vom Piano Arien von Verdi, Puccini und anderen. Ein piekfeines Erlebnis unter dem Motto „Les Diners Lyriques". *Tgl. (nur abends)* | *72, Quai de l'Hôtel de Ville* | *Tel. 01 42 78 30 18* | *M 1, 11 Hôtel de Ville* | *lebelcanto.com* | *4. Arr.* | 🕮 *M8*

LE RESTAURANT

In einem Hotel mit dem Namen *L'Hôtel* heißt das Restaurant natürlich *Le Restaurant,* wie auch sonst? Du sitzt hier wie in einem Gemälde des holländischen Barockmalers Jan Vermeer. Designer Jacques Garcia hat das intime Restaurant ordentlich gepimpt. Mittags gibt es das Dreigängemenü von Sternekoch Grégory Rejou schon ab 55 Euro. Abends geht nichts unter fünf Gängen ab 110 Euro. Dafür bekommst du Teller, geschmückt mit wahren Kunstwerken der Haute Cuisine. *So/Mo geschl.* | *13, Rue des Beaux Arts* | *Tel. 01 44 41 99 00* | *M 4 Saint-Germain-des-Prés* | *l-hotel.com/le-restaurant* | *6. Arr.* | 🕮 *K8*

LES OMBRES ⭐

Es gibt wohl kaum einen überwältigenderen Blick auf den Eiffelturm als durch das Glasdach dieses Restaurants im Musée du Quai Branly – Jacques Chirac. Im Sommer kannst du hier die fantasievoll zubereiteten Speisen auf der herrlichen Terrasse genießen. *Tgl.* | *27, Quai Branly* | *Tel. 01 47 53 68 00* | *M 9 Iéna* | *lesombres-restaurant.com* | *7. Arr.* | 🕮 *F7*

SEPTIME ⭐

Hier bekommst du junge Sterneküche zu erschwinglichen Preisen. Der Spitzenkoch Bertrand Grébaut war in einem früheren Leben Graffitisprayer. Entsprechend lässig geht es auch in seinem Restaurant zu, das im hippen Nordosten von Paris liegt. Das mit einem Michelin-Stern gekrönte Septime gibt sich anti-elitär. Jeder soll sich das Essen hier leisten können. Dabei ist die Speisekarte mit ihrem 5- oder 7-Gang-Einheitsmenü so schlicht gehalten wie die Einrichtung. Seitdem Stars wie Beyoncé und Jay-Z hier dinieren, sind sämtliche Tische allerdings oft schon drei Wochen im Voraus ausgebucht. *Mo mittags, Sa/So geschl. | 80, Rue de Charonne | Tel. 01 43 67 38 29 | M 9 Charonne | septime-charonne.fr | 11. Arr. | 🗺 P8*

LE TRAIN BLEU ⭐ ☂

Ohne Zweifel das schönste Bahnhofsrestaurant der Welt. In den 6 m hohen Räumen sitzt du wie in einem der Schlosssäle von Versailles. Wenn dir die Preise für das Essen – klassische französische Küche – zu gehoben sind, kannst du dir auch nur einen Cocktail bestellen und die Pracht von einem der Ledersessel in der Bar aus genießen. *Tgl. | Place Louis Armand | Tel. 01 43 43 09 06 | M 1, 14, RER A, D Gare de Lyon | le-train-bleu.com | 12. Arr. | 🗺 O–P10*

RESTAURANTS €€

L'ESCARGOT MONTORGUEIL ⭐

Traditionslokal von 1832 im spätklassizistischen Empirestil. Hier verkehr-

Hauptsache, das Essen wird nicht im Schneckentempo serviert …

ten einst Marcel Proust, Charlie Chaplin, Pablo Picasso und auch Jaqueline Kennedy. Wie der Name *escargot,* also Schnecke, bereits sagt, kannst du die Weichtiere hier in zahlreichen Varianten probieren. Klassisch: Schnecken mit Petersilie und Knoblauchbutter. Schick: Schnecken mit Foie gras oder schwarzen Trüffeln. Exotisch: Curryschnecken. Aber keine Angst, du musst hier nicht unbedingt Schnecken essen. Die edle Karte hält für jeden etwas bereit, auch für Vegetarier. *Tgl. | 38, Rue Montorgueil | Tel. 01 42 36 83 51 | M 4 Etienne Marcel | escargotmontorgueil.com | 1. Arr. | 🗺 L7*

MACÉO

Innovatives, zeitgenössisches Restaurant mit großzügigem, hellem und angenehmem Speisesaal. Hier bekommst du auch vegetarische Gerichte. Eine kleine Bibliothek und eine Bar laden zum Verweilen ein. *Sa mittags, So geschl. | 15, Rue des Petits-Champs | Tel. 01 42 97 53 85 | M 3 Bourse | maceorestaurant.com | 1. Arr. | ⊞ L6*

AU VIEUX PARIS

Hier, direkt neben Notre-Dame, residierten schon 1512 die Domherren. Heute begrüßen dich aufs Herzlichste die Besitzer Odette und Georges de Larochebrochard. Traditionelle französische Küche gibt es hier tatsächlich schon seit 1750! Die überbordend-plüschige Einrichtung mit gotischem Touch sorgt für Romantik, das Menü ist gehaltvoll und für Pariser Verhältnisse gar nicht teuer. *Tgl. | 24, Rue Chanoinesse | Tel. 01 40 51 78 52 | M 4 Cité | restaurant auvieuxparis.fr | 4. Arr. | ⊞ M8*

LE JARDIN DES PÂTES 🐫

Gleich neben dem Jardin des Plantes liegt der „Nudelgarten". Die perfekte Adresse, wenn man mit ausgehungerten Kindern aus dem Naturkundemuseum kommt und eine echte Institution im Quartier Latin! Seit 1984 werden hier aus verschiedenen Getreidesorten, alle bio, frische Nudeln zubereitet. Ein Klassiker des Hauses: Kastaniennudeln mit Entenbrustfilet, Muskatnuss, Crème fraîche und Champignons – zum Reinlegen! *Tgl. |*

INSIDER-TIPP
Schlemmen im Nudelparadies

Au Vieux Paris: Lila blühende Glyzinen schmücken Eingang und Innenhof

4, Rue Lacépède | Tel. 01 43 31 50 71 |
M 7 Place Monge | restaurant-lejardin
despates.fr | 5. Arr. | ⚏ M10

ALCAZAR
Frisch renovierter Schickeriatreff mit
Glasdach und viel Vegetation. Im Restaurant geht es edel zu: Für schlappe
40 Euro bekommst du als Vorspeise
20 g Kaviar. Damit die Cocktails dich
nicht umhauen, gibt es an der Bar im
Obergeschoss kleine, aber feine Gerichte. Mi–Sa legt ab 22 Uhr ein DJ
auf. Tgl. | 62, Rue Mazarine | Tel.
01 53 10 19 99 | M 4, 10 Odéon | alca
zar.fr | 6. Arr. | ⚏ K8

BOUILLON RACINE
In dieser ehemaligen Arbeiterkantine
schlängeln sich vorwitzige Jugendstil-
ornamente über zwei Etagen zwischen Fenstern, Spiegeln und einer
Wandvertäfelung in dezentem Früh-
lingsgrün. Alles, bis hin zum Mosaik-
boden, wurde liebevoll restauriert. Auf
den Tisch kommen traditionelle französische Gerichte wie Schnecken, Foie
gras oder Entenbrust. Tgl. | 3, Rue Ra-
cine | Tel. 01 44 32 15 60 | M 10, RER B
Cluny-La Sorbonne | bouillonracine.
com | 6. Arr. | ⚏ L9

CALIFE
„Paris, die Stadt der Liebe." Irgendwo
müssen die Klischees ja herkommen.
Einen Ansatzpunkt gibt diese zwei-
stündige Schiffsfahrt (21–23 Uhr) an
den Seine-Inseln entlang. Mit einem
dreigängigen Menü (ab 67 Euro inklusive Schiffsticket) versucht man
hier den Beweis zu erbringen, dass
Paris diesen Beinamen verdient hat.

Unbedingt rechtzeitig reservieren!
Tgl. | Quai Malaquais, Nähe Pont des
Arts | Tel. 01 43 54 50 04 | M 1 Lou-
vre-Rivoli | calife.com | 6. Arr. | ⚏ K8

LE P'TIT TROQUET
Winziges Bistrot mit dem Original-
charme des Jahres 1920. Hier wird dir
raffiniert verfeinerte französische Tra-
ditionsküche wie zum Beispiel „Haus-
Kaninchenterrine mit Pistazien, einge-
legten Karotten und roten Zwiebeln"
auf herzlichste Art serviert. Gutes
Preis-Leistungs-Verhältnis dafür, dass
es nur einen Katzensprung vom Eiffel-
turm entfernt liegt. Mo geschl. |
28, Rue de l'Exposition | Tel.
01 85 15 24 64 | M 8 Ecole Militaire |
leptittroquet.fr | 7. Arr. | ⚏ G8

POLMARD
Im Herzen der Gourmetmeile Beaupassage hat die Traditionsschlachterei
aus Lothringen, Lieferant der großen
Sterneköche, ihr erstes Pariser Restaurant eröffnet. Alexandre Polmard führt
den familiären Zuchtbetrieb seit 2013.
Hier bekommst du bestes Rindfleisch
seiner legendären Blondes d'Aquitai-
ne. Sa u. Mo mittags, So geschl. |
53–57, Rue de Grenelle | Tel.
01 43 21 30 30 | M 12 Rue du Bac |
polmard.com | 7. Arr. | ⚏ J8

LUCKY LUCIANO
„Bloß nicht … Pizza essen". Diese War-
nung stand noch vor Kurzem in diesem Reiseführer. Das war, bevor diese
Pizzeria mit dem Namen eines sizilia-
nischen Mafiabosses eröffnet hat! Die
Deko im Retrochic passt perfekt in das
angesagte Ausgehviertel rund um

den Faubourg Saint-Denis. Der dünne Pizzateig soll durch seine extra lange Gärzeit nach neapolitanischer Art so schön knusprig sein. Die Pizza Bufala mit Büffelmozzarella, frischen Tomaten und Rucola macht süchtig! Die Pizzen kommen so gut an, dass in Paris eine Niederlassung nach der anderen eröffnet, aber hier fing alles an! *Tgl. | 1, Cour des Petites Écuries | Tel. 09 51 55 73 41 | M 4 Château- d'Eau | luckylucianopizza.fr | 10. Arr. | ▢ M5*

INSIDER-TIPP
Im siebten Pizzahimmel

SOYA

Vegetarisch-veganes Restaurant nahe am Canal Saint-Martin. 100 Prozent bio. Heller loftartiger Raum mit Parkettboden, Holztischen und offener Küche. Wo früher Wasserhähne montiert wurden, servieren Christel Dhuit und ihr Team Fusion Food. Am Wochenende bekommst du hier bei einem reichhaltigen Brunch den gesunden Ausgleich nach einer durchzechten Nacht. *Di mittags, So abends, Mo geschl. | 20, Rue de la Pierre Levée | Tel. 01 85 15 28 02 | M 11 Goncourt | soyacantine-bio.fr | 11. Arr. | ▢ O6*

INSIDER-TIPP
Pflanzlich guter Brunch

BISTROT RICHELIEU

Du möchtest vor oder nach dem Besuch im Louvre gemütlich etwas essen? Dann ist das dein Spot. Auf der Tafel geht es mit Schnecken, Zwiebelsuppe und Entengerichten sehr französisch zu. *So geschl. | 45, Rue de Ri-* chelieu *| Tel. 01 42 60 19 16 | M 1, 7 Palais Royal – Musée du Louvre | bistro trichelieu.com | 1. Arr. | ▢ K7*

LE MESTURET

Obwohl die Auszeichnung als bestes Bistrot des Jahres schon ein paar Jahre her ist, wird hier das Niveau gehalten. Lust auf Kalbsragout wie bei Oma, ein klassisches Rindertatar oder ein Kartoffelgratin? Dann nix wie hin! *Tgl. | 77, Rue de Richelieu | Tel. 01 42 97 40 68 | M 3 Bourse | lemes turet.com | 2. Arr. | ▢ L6*

MÛRE 🐾

Die Idee ist ganz simpel: Auf einem Biobauernhof nicht weit von Paris werden Obst und Gemüse angebaut. Die Ernte wird in diesem kleinen, hippen Restaurant verarbeitet und den hungrigen Großstadtmenschen zum Frühstück, Mittagessen oder Kaffee aufgetischt. Da die meisten Zutaten direkt vom Feld kommen und nicht noch der Transport und die Zwischenhändler bezahlt werden müssen, bekommst du das gesunde und durchaus leckere Mittagsmenü hier schon für knapp über 10 Euro. Der einzige Nachteil: der große Andrang. Denn Nachhaltigkeit ist in Paris gerade voll im Trend. *Mo–Fr 8.30–17, Sa 11–17 Uhr | 6, rue Saint Marc | M 8, 9 Grands Boulevards | mure-restaurant.com | 2. Arr. | ▢ L6*

INSIDER-TIPP
Total lokal

CHEZ MARIANNE

Um die Ecke der belebten Rue des Rosiers und mitten im Marais liegt dieses quirlige Restaurant mit Terrasse

Die Auslagen studieren – diskutieren – probieren: Die Wahl fällt schwer im Chez Marianne

und Delikatessenladen. Zumindest die sehr beliebten orientalischen Vorspeisenteller solltest du probieren. *Tgl. | 2, Rue des Hospitalières Saint-Gervais | Tel. 01 42 72 18 86 | M 1 Saint-Paul | 4. Arr. | ▥ N8*

CHANTAIRELLE

Das Restaurant ist eine Hommage an die Auvergne. Bis auf das Eis stammt alles aus dieser zentralfranzösischen Region. Die gehaltvolle, schmackhafte Küche passt zum rustikalen Ambiente und dem schönen kleinen Innenhof. Hat es dir geschmeckt, kannst du auvergnatische Delikatessen mit nach Hause nehmen, z. B. Wurst, Käse oder Linsen. *Mo abends, Sa mittags, So geschl. | 17, Rue Laplace | Tel. 01 46 33 18 59 | chantairelle.com | 5. Arr. | ▥ M10*

LA FOURMI AILÉE

In der „geflügelten Ameise", nicht weit entfernt von Notre-Dame, geht es locker und gemütlich zu. Die gefüllten Bücherregale an den hohen Wänden zeugen von der Zeit, als hier noch Bücher über den Ladentisch gingen. Heute bekommst du in dem historischen Ambiente Quiches, Salate, klassische Fleischgerichte, und auch für Vegetarier ist was dabei. Ebenfalls perfekt für einen Zwischenstopp bei einer Tasse Tee. *Tgl. | 8, Rue du Fouarre | Tel. 01 43 29 40 99 | M 10 Cluny-La Sorbonne | parisresto.com | 5. Arr. | ▥ M9*

LES PAPILLES

Perfekt für einen Abstecher nach einem Spaziergang im Jardin du Luxembourg. Der Name des täglich wechselnden Menüs „Rückkehr vom Markt" spricht für sich. Wenn es dir geschmeckt hat, kannst du dir anschließend im Delikatessenladen auch noch die Taschen vollpacken. *So/Mo geschl. | 30, Rue Gay Lussac | Tel. 01 43 25 20 79 | RER B Luxembourg | lespapillesparis.fr |* 5. Arr. | ☐☐ L10

CAFÉ A

Nur Eingeweihte wissen, dass sich hinter den Mauern dieses ehemaligen Klosters neben der Gare de l'Est ein angesagter Künstlertreff mit Café, Bar und Restaurant befindet. Ganz besonders bei gutem Wetter zu empfehlen, dann kannst du ganz toll

INSIDER-TIPP
Künstlertreff im Klostergarten

unter den Bäumen des Klostergartens speisen. Die wechselnde Speisekarte folgt dem Lauf der Jahreszeiten. Große Auswahl an Bioweinen. *Tgl. bis 2 Uhr | 148, Rue du Faubourg Saint-Martin | Tel. 07 71 61 10 38 | M 4, 5, 7 Gare de l'Est | cafea.fr |* 10. Arr. | ☐☐ N5

HAUSGERÖSTET

Frankreich entdeckt den Kaffee neu, seitdem junge Pariser in die Coffeeshops mit eigener Rösterei strömen. In der *Caféothèque (52, Rue de l'Hôtel de Ville | 4. Arr. | ☐☐ M8 | laca feotheque.com)* werden sogar Kurse und Degustationen im Stil von Weinseminaren angeboten. Frisch geröstet wird auch im *Café Lomi (3ter, Rue Marcadet | 18. Arr. | ☐☐ M2 | cafelomi.com).* Kleine Speisen wie Bananenbrot und auf die Kaffees abgestimmte Käsesorten gesellen sich hier zu den *grand crus.* Das cool eingerichtete *Coutume (47, Rue de Babylone | 7. Arr. | ☐☐ H9 | coutumecafe.com)* verfügt über ein immenses Angebot an Kaffeesorten.

URFA DÜRUM

Klein, aber oho: Hier gibt es die besten kurdischen Sandwichs der Stadt! Das Fladenbrot wird vor deinen Augen zubereitet und mit frischen Zutaten gefüllt. Wenn der Andrang mal wieder allzu groß ist, zücken die Köche den Föhn, und ratz-fatz ist das Feuer unterm Grill in Höchstform. Gegessen wird auf niedrigen Holzhockern. Wenn dir das zu unbequem ist, spazierst du einfach zum nahen Canal Saint-Martin. *Tgl. | 58, Rue du Faubourg Saint-Denis | Tel. 01 48 24 12 84 | M 4 Château d'Eau |* 10. Arr. | ☐☐ M5

LE FOODMARKET 👁

Die viel gereiste junge Französin Virginie Godard hat den Parisern gezeigt, dass Essen auf der Straße gut und günstig sein kann: Ihr Food Market ist ein Riesenerfolg. Eine kulinarische Weltreise, mal ohne Fleisch, mal aus Afrika oder zum chinesischen Neujahr. Muttis, Hipster und Anzugträger sind hier in geselliger Runde vereint. *Ein Donnerstag im Monat 18–22.30 Uhr | Blvd. de Belleville zwischen Couronnes und Ménilmontant | Tel. 06 35 54 04 61 | M 2 Couronnes o. Ménilmontant | lefood market.fr |* 11./20. Arr. | ☐☐ P5–6

INSIDER-TIPP
Mit 10 Euro bist du dabei!

PAUSE CAFÉ

Die „Kaffeepause" ist ein cooles Restaurant in einem coolen Viertel gleich hinter der Bastille. Ob zum Essen oder nur für eine Tasse Kaffee oder ein Gläschen auf der Terrasse – wenn du es jung und stylisch magst, dann ist das deine Adresse. Unkomplizierte Bistrotküche. *Tgl. (So nur bis 20 Uhr) | 41, Rue de Charonne | Tel. 01 48 06 80 33 | M 1, 5, 8 Bastille | 11. Arr. | ▥ P9*

CHEZ GLANDINES

In diesem Restaurant auf der Butte aux Cailles trifft sich das junge, hungrige Paris, um für wenig Geld deftige Gerichte aus Südwestfrankreich zu essen. Tischreservierungen werden nicht entgegengenommen: Das feucht-fröhliche Warten vor der Tür mit einem Glas Wein in der Hand gehört hier mit dazu. *Tgl. | 30, Rue des cinq Diamants | Tel. 09 67 31 96 46 | M 6 Corvisart | chezgladines-butteauxcailles.fr | 13. Arr. | ▥ M12*

AUX ARTISTES 🐌

Hier geht es laut und gesellig zu! Der Name ist eine Hommage an die Zeit, als Künstler wie Amadeo Modigliani oder Léonard Foujita ihre Kreativität in diesem Viertel auslebten. In dritter Generation seit 1959 tischt hier heute Marvin bodenständige französische Küche auf. Für 12/15 Euro bekommst du mittags/abends Vor-, Haupt- und Nachspeise. Kein Wunder, dass der Laden immer voll ist. *Sa mittags, So geschl. | 63, Rue Falguière | Tel. 01 43 22 05 39 | M 6, 12 Pasteur | facebook: @AuxArtistes | 15. Arr. | ▥ H11*

À LA POMPONNETTE

Hier, am Fuß des Montmartre, scheint die Zeit stehen geblieben zu sein, und

Hausgerösteter Kaffee, dazu Brot und zum Kaffee passender Käse: Das gibt's im Café Lomi

Le Rubis: Gespräche unter Freunden und Nachbarn bei einem „kleinen Roten"

deftige französische Traditionsküche kommt in großen Portionen auf die Teller. *Tgl.* | *42, Rue Lepic* | *Tel. 01 46 06 08 36* | *M 2 Blanche* | *pom ponnette-montmartre.com* | *18. Arr.* | *K3*

LA RECYCLERIE

Angesagtes Café-Restaurant im Vintage-Stil mit Urban Farm und Reparaturwerkstatt in einem ehemaligen Bahnhof unweit des Flohmarkts von Saint-Ouen. Hier gibt es nachhaltige Küche mit frischen Zutaten und wenig Fleisch. Die Küchenabfälle werden direkt an die Hühner verfüttert (ja, auch die gibt es in Paris) oder im Gemüsegarten an der stillgelegten Bahnstrecke kompostiert. Bei gutem Wetter kannst du hier draußen sitzen. Ein Fleckchen Grün, abgeschirmt vom Gewusel der Großstadt. *Tgl. (Sa bis 2 Uhr)* | *83, Blvd. Ornano* | *Tel. 01 42 57 58 49* | *M 4 Porte de Clignancourt* | *larecyclerie.com* | *18. Arr.* | *L1*

FREEGAN PONY

Hier wird mit den Resten vom Großmarkt gekocht, und jeder bezahlt, was er kann und will. Die Idee stammt von dem Hausbesetzer Aladdin Charni. Ende 2015 servierte er sein Resteessen zunächst in einem illegal besetzten Gebäude. Konzept und Essen kamen so gut an, dass die Stadt die Initiative offiziell unterstützt. *Place Auguste Baron* | *M 7 Porte de la Vilette* | *freeganpony.com* | *19. Arr.* | *Q1*

INSIDER-TIPP

Gegen die Wegwerfgesellschaft

LE VIEUX BELLEVILLE 🐝

Zu zünftiger französischer Küche gibt's hier Chansons zum Mitsingen. Du hast den Text nicht im Kopf? Nicht schlimm, es werden Textblätter ausgeteilt, und dann geht's los: „Padam, padam, padam ...", dienstags steht Edith Piaf auf dem Programm. Die Idee von Joseph Pantaleo alias „Jojo", der vor über 50 Jahren ein paar Häuser weiter geboren wurde, kommt gut an. Also lieber reservieren. *So geschl. | Livemusik zum Mitsingen Di, Do–Sa 20–2 Uhr | 12, Rue des Envierges | Tel. 01 44 62 92 66 | M 11 Pyrénées | le-vieux-belleville.com | 20. Arr. | Q5*

WEINBARS

LE RUBIS

Einfache Weinbar, die sich seit der Eröffnung 1948 kaum verändert hat. Große Weinauswahl, Käseteller und immer ein traditionelles Tagesgericht. *So geschl. | 10, Rue du Marché Saint-Honoré | Tel. 01 42 61 03 34 | M 8, 14 Pyramides | facebook: Le Rubis | 1. Arr. | K6*

LEVAIN LE VIN

Sauerteig *(levain)* und der Wein *(le vin)* – der Trend geht hin zu wenigen hochwertigen Produkten. Christophe Fertillet hat sich auf ==ausgewählte Weine und selbst gebackenes Brot in Bioqualität spezialisiert. Dazu gibt es Wurst, Käse und Tapas== – einfach, aber einfach gut! *So/Mo geschl. | 83, Rue du Faubourg-Saint-Martin | Tel. 06 61 06 86 13 | M 4 Château-d'Eau | facebook: Levain Le Vin | 10. Arr. | N5*

INSIDER-TIPP
Froh zu sein bedarf es wenig ...

LE BARON ROUGE

Eine kleine Weinbar, die es in sich hat! Besonders quirlig geht es hier am Sonntagmittag zu, wenn die Pariser nach ihrem Einkauf auf dem angrenzenden Marché d'Aligre an Weinfässern vor dem Laden zusammenstehen, Wein trinken und Austern schlürfen. *Tgl. | 1, Rue Théophile-Roussel | Tel. 01 43 43 14 32 | M 8 Ledru-Rollin | le baronrouge.net | 12. Arr. | P9*

VEGGIETOWN

„Wie, Sie essen kein Fleisch?" Großes Fragezeichen auf dem Gesicht des Kellners. Noch bis vor Kurzem war es gar nicht so einfach, in Paris Restaurants mit vegetarischen Gerichten zu finden. Nun ist die Spezies der Veggies auch hier auf dem Vormarsch. Insbesondere in den angesagten Vierteln nördlich der Seine öffnen immer mehr hippe Restaurants mit einem vegetarischen oder veganen Angebot. Rund um die *Rue du Fau-bourg Poissonnière* und die *Rue de Paradis (L–M5)* an der Grenze zwischen dem 9. und 10. Arrondissement ist das Angebot so groß, dass die *Association végétarienne de France (vegetarisme.fr)*, die französische Vegetariervereinigung, das Viertel zur Veggietown von Paris erklärt hat. Vorbei also die Zeiten, als Vegetarier sich im Restaurant mit einem langweiligen Salat begnügen mussten!

SHOPPEN & STÖBERN

Ob es sich um die Schaufenster der Haute-Couture-Läden handelt oder um einen Lebensmittelmarkt mit seinen üppigen Auslagen: Shopping in Paris ist ein Erlebnis. Manch einer kommt eigens zum zweimal im Jahr stattfindenden Schlussverkauf (*soldes,* je sechs Wochen ab Mitte Januar und ab Ende Juni) angereist. Dann gibt es bis zu 70 Prozent Preisnachlass. Die meisten Läden sind montags bis samstags von 10 bis 19.30 Uhr geöffnet. Einige Kaufhäuser haben donnerstags ihre *nocturne,* einen verlängerten Abendeinkauf. Falls du sonntags etwas besorgen

Luxuriös: die Galeries Lafayette

willst: Einige Geschäfte haben vormittags geöffnet, und die Läden im Marais, im Louvre-Untergeschoss und manche Geschäfte an den Champs-Élysées sogar ganztägig! Die vielen kleinen Lebensmittelläden *(épiceries)* scheinen nie zuzumachen. Dafür kann es aber sein, dass mancher Laden am Montag oder über Mittag schließt. Zu Beginn des Schlussverkaufs und die letzten Wochen vor Weihnachten sind Kaufhäuser und viele andere Geschäfte auch sonntags geöffnet. Im Folgenden sind Öffnungszeiten nur angegeben, wenn sie von diesen allgemeinen Regeln abweichen.

WO PARIS SHOPPT

MARCO POLO HIGHLIGHTS

★ **BARTHÉLEMY**
Auf kleiner Fläche ein Paradies für Käseliebhaber ➤ S. 94

★ **DEBAUVE & GALLAIS**
Eine Chocolaterie im Stil eines Juwelierladens ➤ S. 94

★ **LA SAMARITAINE**
Nach langer Schließung endlich wieder eröffnetes Traditionskaufhaus ➤ S. 96

★ **RUE DU FAUBOURG SAINT-HONORÉ**
„Die" Haute-Couture-Meile der Stadt ➤ S. 97

★ **PLACE DES VICTOIRES**
Junge Modemacher und viele Boutiquen ➤ S. 97

★ **SAINT-OUEN**
Marché aux Puces: der wohl weltgrößte Flohmarkt ➤ S. 101

CHAMPS-ÉLYSÉES
Touristenmagnet mit zahlreichen Flagshipstores großer Marken

Boulevard Pereire

Parc Monceau

Rue du Faubourg Saint-Honoré ★

Arrondissement de Passy

Franklin D. Roosevelt Ⓜ

TRIANGLE D'OR
Hier gibt es feinste Haute Couture

Jardin du Tocadéro

Bois de Boulogne

A 13

Voie Georges Pompidou

Rue de la Convention

Ⓜ Avenue Émile Zola

Arrondissement de Vaugirard

RUE DU COMMERCE
Gediegene kleine Einkaufsstraße in gutbürgerlichem Ambiente

A1

Saint-Ouen ★

Boulevard Ney

Arrondissement
de la Buttes-Montmartre

BOULEVARD HAUSSMANN

**Gigantische
Kaufhäuser mit einer
Prise Luxus**

Arrondissement de
l'Opéra

M Havre - Caumartin

FORUM DES HALLES

**Konsumtempel mit
über 130 Geschäften
und Schwimmbad**

Parc des
Buttes-Chaumont

Boulevard de Magenta

Boulevard Montmartre

Place des Victoires ★

Châtelet -
Les Halles

M Rambuteau

MARAIS

**Szeneviertel mit
ausgefallenen
Klamottenläden und
Concept-Stores**

Jardin des
Tuileries

La Samaritaine ★

Debauve & Gallais ★

Barthélemy ★

Boulevard Saint-Germain

Arrondissement de
l'Hôtel de Ville

M Saint-Placide

Jardin du
Luxembourg

Jardin des
Plantes

RUE DE RENNES

**Einkaufsstraße mit den
üblichen Verdächtigen**

RUE D'ALÉSIA

Die Outletmeile

Boulevard Auguste
Blanqui

Arrondissement
des Gobelins

M Alésia

1 km
0.62 mi

ANTIQUITÄTEN

COLLECTED ET AUTRES PHOTOGRAPHIES

An diesem Laden ist das Digitalzeitalter vorbeigegangen. Bei dem Fotografen Fabien Breuvart bekommst du Fundstücke aus dem letzten Jahrhundert. Von ein paar Euro bis zu mehreren Hundert Euro kosten die Schnappschüsse, die nach Größe sortiert und fein säuberlich in Folie eingeschlagen sind. Die Mauer neben der Eingangstür ist Ausstellungsfläche für wechselnde Fotoprojekte. *Fr–Di | 35–37, Rue Charlot | M 8 Filles du Calvaire | imagesetportraits.fr | 3. Arr. | ⌑ N7*

VILLAGE SAINT-PAUL

In mehreren miteinander verbundenen, idyllischen Hinterhöfen unweit der Place des Vosges bieten rund 90 Geschäfte Kleinmöbel, Bilder, Schmuck, Porzellan usw. an. Im orangen Hof musst du unbedingt einen Blick in die *Boutique des Inventions,* also den „Laden der Erfindungen", werfen. Das ist *der* Spot zum Kauf nützlicher Mitbringsel: Erfinder können sich hier bei der Vermarktung ihrer neusten Ideen begleiten lassen. *Mi–Mo | zwischen Rue Saint-Paul und Rue Charlemagne | M 1 Saint-Paul | levillagesaintpaul.com | 4. Arr. | ⌑ N8*

INSIDER-TIPP
Daniel Düsentrieb lässt grüßen

DROUOT

Als eines der ältesten Auktionshäuser der Welt ist Drouot eine Institution. In 16 Sälen werden Möbel und Kunstgegenstände versteigert. Wie ein Museumsbesuch! *9, Rue Drouot | M 8, 9 Richelieu-Drouot | drouot.com | 9. Arr. | ⌑ L5*

BÜCHER & MUSIK

LES BOUQUINISTES 🚩

Die grünen Holzkästen zu beiden Seiten der Seine prägen seit 300 Jahren das Stadtbild. Es kann sehr amüsant sein, zwischen den alten Büchern, Zeitschriften und Postkarten herumzustöbern. *Zwischen Jardin des Tuileries und Île Saint-Louis | M 7 Pont Neuf | 1. Arr./5. Arr. | ⌑ K–M 7–8*

FNAC ☂

Die größte Pariser Buchhandlung besitzt auch eine große CD- und DVD-Abteilung. Hier kannst du dir bei Regenwetter bestens die Zeit vertreiben. *Mo–Sa bis 22.30, So bis 20.45 Uhr | 74, Av. des Champs-Élysées | M 1, 9 Franklin D. Roosevelt | fnac.com | 8. Arr. | ⌑ G6*

WOHIN ZUERST?

Willst du weder Billigklamotten noch kaum tragbare Haute Couture erwerben und dir auch nicht den Stress im Gewühl eines Kaufhauses antun, dann geh am besten ins **Marais** *(⌑ M–O 6–8).* Dort findest du viele typische Läden, in denen die Pariser ihre Bürokleidung kaufen. Kunsthandwerk und Kosmetik runden das Angebot ab, Straßencafés machen das Shopping zu einem echten Event.

Vor dem Geschmackserlebnis kommt das Dufterlebnis im Spezialitätenshop Izraël

DELIKATESSEN

LAVINIA

Weinhandlung der Superlative. 6500 Weine aus über 30 Ländern auf drei Etagen zu Preisen von unter 10 bis zu mehreren 1000 Euro. Große Auswahl an Bio-Weinen. Den Wein kann man (ohne Aufpreis) in der zugehörigen Bar bei kleinen Speisen probieren. *3, Blvd. de la Madeleine | M 8, 12, 14 Madeleine | lavinia.fr | 1. Arr. | L6*

LEGRAND FILLES & FILS

Ein Delikatessenladen zwischen der Galerie Vivienne und der Rue de la Banque, in dem einem das Wasser im Mund zusammenläuft. Der Laden ist bereits 1880 gegründet worden und strahlt altehrwürdige Eleganz aus. Besonders Weinkenner geraten hier wegen des umfangreichen Angebots und der Weinproben an der Holztheke ins Schwärmen. *1, Rue de la Ban-*

que | M 1, 7 Palais Royal–Musée du Louvre | caves-legrand.com | 2. Arr. | L6

MAISON STOHRER

Ein Traum. Man fühlt sich in eine andere Zeit versetzt. Die älteste Konditorei von Paris wurde schon 1730 gegründet, vom Hofkonditor Ludwigs XV. Noch heute werden Leckereien wie der saftige Kuchen *baba au rhum* nach den alten Rezepten gefertigt. Einfach unschlagbar: die herzhaften Kuchen. Besonders der mit Lachs und Spinat hat es in sich. *Tgl. 7.30–20.30 Uhr | 51, Rue Montorgueil | M 3 Sentier | stohrer.fr | 2. Arr. | L6*

INSIDER-TIPP
So muss eine Quiche schmecken!

IZRAËL

Spezialitäten aus aller Welt, vor allem aus arabischen, afrikanischen und asiatischen Ländern, türmen sich in wildem Durcheinander bis an die Decke dieses Ladens: zusammen mit den an Haken hängenden Würsten und den exotischen Gewürzen ein einmaliges Dufterlebnis. *30, Rue François Miron | M 1 Saint-Paul | 4. Arr. | ⊞ N8*

MARIAGE FRÈRES

Hier bekommst du die edlen Teemischungen der weltweit vertriebenen Pariser Traditionsmarke aus erster Hand. Probieren kannst du die heißen Tropfen im angegliederten Teesalon im eleganten Kolonialstil. Das kleine *Teemuseum* in der 1. Etage zeugt von der langen Geschichte des Hauses. *30, Rue du Bourg-Tibourg | M 1, 11 Hôtel de Ville | mariagefreres.com | 4. Arr. | ⊞ F5*

MAISON DE THÉ GEORGE CANNON

Aus immerhin 250 Teesorten kannst du hier auswählen. Das Traditionshaus versteht sich aber nicht nur als Teegeschäft. Neben der Degustation in der Bar werden im Salon leichte Biogerichte angeboten. Im Untergeschoss kannst du bei Shiatsu-Massagen und einer japanischen Teezeremonie deine innere Mitte finden. *12, Notre-Dame-des Champs | M 4 St-Placide | georgecannon.fr | 6. Arr. | ⊞ J10*

BARTHÉLEMY ⭐

Einer der besten Käseläden *(crèmeries)* von Paris, der auch den Elysée-Palast beliefert. Der frühere Staatspräsident Charles de Gaulle bemerkte einst: „Wie soll man ein Land regieren, das mehr Käsesorten hat, als es Tage im Jahr gibt?" Viele dieser Käsesorten

duften in diesem kleinen Geschäft. *51, Rue de Grenelle | M 12 Rue du Bac | 7. Arr. | ⊞ J8*

DEBAUVE & GALLAIS ⭐

Die über 200 Jahre alte, elegante Chocolaterie gleicht einem Juwelierladen. Der Unterschied besteht darin, dass hier die teuren Sünden auf der Zunge zergehen. *30, Rue des Saints-Pères | M 4 Saint-Germain-des-Prés | debauve-et-gallais.com | 7. Arr. | ⊞ K8*

LA PÂTISSERIE DES RÊVES

Tartes au citron, mille-feuilles, éclaires und wie sie alle heißen, die kleinen Sünden der französischen Konditoreikunst. Hier warten sie unter Glasglocken und laden zum Kaufen und Genießen ein. *Di–Do 10–19, Fr 10–20, Sa 9–20, So 9–18 Uhr | 93, Rue du Bac | M 12 Rue du Bac | lapatisseriedesreves.com | 7. Arr. | ⊞ J9*

FAUCHON

Im siebten Himmel der Feinschmecker, der keine Wünsche offen lässt, kann sich auch der Normalverbraucher mal etwas Gutes tun und ein paar Häppchen vor Ort probieren oder mitnehmen. Bemerkenswert sind die exotischen Früchte, ebenso das Trüffel- und Kaviarangebot. *24 u. 30, Place de la Madeleine | M 8, 12, 14 Madeleine | fauchon.fr | 8. Arr. | ⊞ J6*

LADURÉE

Der König der Macarons. Neben den klassischen Geschmacksrichtungen wie Schokolade, Vanille, Kaffee, Orangenblüten, Rose oder Vanille bekommst du hier auch jahreszeitliche

Kaviar vom Allerfeinsten ist nur eine der Delikatessen im Genusstempel Fauchon

Varianten wie Veilchen oder Zimt. Ebenfalls einen Stopp wert: der prunkvolle *salon de thé* aus dem 19. Jh. mit seinen reichen Deckenfresken. *Mo–Sa 8–20, So 9–19 Uhr | 16–18, Rue Royale | M 8, 12, 14 Madeleine | laduree.fr | 8. Arr. | ⊞ J6*

ROSE BAKERY

Der absolute In-Treff der jung-dynamischen Pariser Bobos von South Pigalle. Hier kannst du Gebäck mit englischem Touch kaufen oder kleine vegetarische Speisen mit Zutaten aus biologischem Anbau in minimalistischer Einrichtung genießen. *Tgl. 9.30–20.30 Uhr | 46, Rue des Martyrs6 | M 12 Saint-Georges | rosebakery.fr | 9. Arr. | ⊞ L4*

DU PAIN ET DES IDÉES

„Brot und Ideen" hat Bäcker Christophe Vasseur. Statt Baguettes und vieler verschiedener Brotsorten bekommst du hier eine kleine Auswahl hausgemachter Brote – ohne fertige Backmischungen. Der Klassiker: *Le pain des amis* („Brot der Freunde"). Touristen aus aller Welt pilgern zu der 1870 erbauten Bäckerei, nicht um das beste Croissant der Stadt, sondern um das beste Croissant der Welt zu probieren. *Mo–Fr | 34, Rue Yves Toudic | M 5 Jacques Bonsergent | dupainetdesidees.com | 10. Arr. | ⊞ N6*

DESIGN & LIFESTYLE

DEHILLERIN

In diesem Traditionshaus von 1820 gibt es auf zwei Etagen nichts, was es nicht gibt in Sachen Küche und Kochen. Unter Köchen ist Dehillerin weltbekannt, französische Starköche gehen ein und aus. *18 u. 20, Rue Coquillière | M 1, 4, 7, 11, 14 Châtelet,*

RER A, B, D Châtelet-Les Halles | edehil lerin.fr | *1. Arr.* | ⌗ *L7*

ARTY DANDY

Ein Laden für all diejenigen, die eigentlich schon alles haben. Man versteht sich als Gallery-Store, und angeboten wird in puncto Kunst, Kitsch, Mode, Kosmetik und Design alles, was außergewöhnlich ist: Einzelstücke, limitierte Auflagen, Trendiges. *1, Rue de Furstemberg* | *M 4 St-Germain-des-Prés* | artydandy.com | *6. Arr.* | ⌗ *K8*

HÔTEL BOHÊME

Es gibt sie noch, die Boheme! Drei- bis viermal im Jahr trifft sie sich zu diesem Kunsthandwerkermarkt in einer ehemaligen Kartonfabrik im hippen Pariser Norden. Zwei Tage lang kannst du dann die Kreationen ausgewählter Modeschöpfer, Schmuckmacher, Illustratoren und Designer erwerben.

INSIDER-TIPP
Rendez-vous des créateurs

Perfekt, wenn du deinen Lieben keine Massenware, sondern kleine Schätze mit individuellem Touch mitbringen möchtest! Termine werden auf der Website bekannt gegeben. *71, Rue de la Fontaine au Roi* | *M 2 Couronnes* | hotel-boheme.fr | *11. Arr.* | ⌗ *P6*

MARCHÉ SAINT PIERRE

Auf über 2500 m² – verteilt auf fünf Stockwerke des angestaubten Kaufhauses – stapeln sich hier die Stoffrollen zu unschlagbaren Preisen. Viele Frauen aus dem benachbarten afrikanischen Viertel suchen eifrig nach geeigneter Ware. In der Umgebung reiht sich ein Stoffgeschäft ans andere.

Ein Paradies für alle Schneider und Schneiderinnen. *2, Rue Charles Nodier* | *M 2 Anvers* | marchesaintpierre. com | *18. Arr.* | ⌗ *L3*

LA SAMARITAINE ⭐

15 Jahre mussten die Pariser warten, bis das 1870 gegründete Traditionskaufhaus 2020 endlich wieder eröffnete. Neben den Verkaufsflächen beherbergt die Topadresse direkt am Seine-Ufer nun ebenfalls ein Luxushotel, Sozialwohnungen, Büros und eine Kindertagesstätte. *19, rue de la Monnaie* | *M 7 Pont Neuf* | lasamaritaine. com | *1. Arr.* | ⌗ *L7–8*

LE BON MARCHÉ

Das älteste Kaufhaus der Stadt ist seit über 150 Jahren Symbol für Luxus und Lebensgenuss. Es ist immer noch beeindruckend, bei dezenter klassischer Musik ohne den sonst üblichen Touristenrummel durch dieses Belle-Époque-Juwel zu schlendern. Eine der besten Schuh- und Modeabteilungen der Stadt mit allen großen Marken. Die *Feinkostabteilung (lagrande epicerie.fr)* im Nebenhaus ist ein Erlebnis! *24, Rue de Sèvres* | *M 10, 12 Sèvres-Babylone* | 24sevres.com/fr-be/ le-bon-marche | *7. Arr.* | ⌗ *J9*

GALERIES LAFAYETTE

Unter der gewaltigen Glaskuppel dieses Konsumtempels aus dem Jahr 1908 gerät man ins Schwärmen. Kleidung ist hier nicht nach Hosen, Blusen usw., sondern nach Markennamen geordnet. Die Schuhabteilung ist mit 3000 m² die größte der Welt. Diverse Restaurants und eine kostenlose Dachterrasse mit Panoramablick! *40, Blvd. Haussmann | M 3, 7, 8 Opéra | RER A Auber | galerieslafayette.com | 9. Arr. | K5.* Auf den Champs-Élysées (Nr. 52) gibt es eine Filiale.

LE PRINTEMPS

Nach der riesigen Kosmetikabteilung im Erdgeschoss und dem schönen Wellnessbereich im Untergeschoss geht es nach oben zu sämtlichen Luxusmodemarken, aber auch an Preiswerterem vorbei bis ins Café-Restaurant unter der berühmten Jugendstil-Glaskuppel. *64, Blvd. Haussmann | M 3, 9 Havre-Caumartin | RER A Auber | printemps.com | 9. Arr. | K5*

Rue du Faubourg Saint-Honoré: Boutique von Christian Lacroix

MODE & ACCESSOIRES

In der ★ ⚑ *Rue du Faubourg Saint-Honoré (H–K 5–6)* und im „Triangle d'Or" zwischen der *Avenue des Champs-Élysées,* der *Avenue Montaigne (G6)* und der *Avenue George V (F6)* sind alle namhaften Häuser – Armani, Chanel, Dior, Gucci, Hermès, Lacroix, Versace u. v. a. – versammelt. Etwas jüngere und frechere Mode findest du um die ★ *Place des Victoires (L6)* und in den Boutiquen der *Rue Etienne Marcel.* Auch im Marais, in der *Rue des Francs Bourgeois (N–O8)* und Umgebung, gibt es witzige Modeboutiquen wie *Abu d'abi (aboudabibazar.com), Azzedine Alaia (alaia.fr)* und *Paule Ka (pauleka.com).*
Prêt-à-porter bedeutet wörtlich übersetzt „fertig zum Tragen" und beschreibt industriell gefertigte Kollektionen für jedermann/frau. *Haute Couture* hingegen bedeutet maßgeschneiderte Handarbeit. Wer zum Kreis der weniger als 20 auserwählten Modehäuser zählt, die sich mit diesem Label schmücken dürfen, wird nach einem strengen Kriterienkatalog im Wirtschaftsministerium entschieden. Für Schnäppchenjäger interessant sind die *Degriffé*-Angebote: Dabei handelt es sich um reduzierte Markenkleidung der vergangenen Saison, aus der meist die Firmenetiketten herausgeschnitten wurden. ✆ Viele solcher günstigen Läden, die zum Teil auch Lagerbestände *(stock)* anbieten, gibt es in der Rue d'Alésia

INSIDER-TIPP
Preiswerte Qualität hat keine Saison

Bunt und poppig sind die Läden der Parfümeriekette Séphora

(🕮 J12), z. B. Sonia Rykiel (Nr. 110–112) oder Zapa (Nr. 139). Hier kaufst du bis zu 40 Prozent unter Preis ein, im Schlussverkauf kann es auch noch günstiger sein.

CHRISTIAN LOUBOUTIN

Die schwindelerregenden High Heels des Schuhdesigners präsentieren sich zu schwindelerregenden Preisen am schönsten in seiner ersten Pariser Boutique. *19, Rue Jean-Jacques Rousseau | Galerie Véro Dodat | M 1 Louvre-Rivoli | christianlouboutin.com | 1. Arr. | 🕮 L7*

FRONT DE MODE

Die „Modefront" sieht sich selbst als Laden, der „Seelen bekleidet, die auf der Suche nach Sinn und Poesie herumirren". Entsprechend extrovertiert ist die engagierte Mode made in France, die du hier bekommst. *Di–Sa | 42, Rue Volta | M 3 Temple | frontemode.com | 3. Arr. | 🕮 N6*

GERARD DAREL

Eines der großen trag- und bezahlbaren französischen Modelabels für Damen. Die Hosen, Kleider und Jacken bestechen durch sportliche Eleganz. *41, Rue des Francs-Bourgeois | M 1 Saint-Paul | gerarddarel.com | 4. Arr. | 🕮 N8*

BIJOUX MONIC

Der kleine Schmuckladen, der in einer der belebtesten Einkaufsstraßen des Marais-Viertels liegt, rühmt sich, mehr als 10 000 Schmuckstücke mit Preisen zwischen 1 und 10 000 Euro im Sortiment zu haben. *14, Rue de l'ancienne Comédie | M 4, 10 Odéon | bijouxmonic.com | 6. Arr. | 🕮 N8*

CHERCHEMINIPPES ☎

Secondhand: Hier bekommst du gut erhaltene Markenkleidung, durch die du dich erst einmal durchwühlen musst! *Mo–Sa 11–19 Uhr | 102, 106, 109, 110, 111, 114, 124, Rue du Cherche-Midi | M 10 Vaneau | cherchemi nippes.com | 6. Arr. | ▦ J9*

L'ECLAIREUR

Das Geschäft verfolgt ein interessantes Konzept: eine Mischung aus Objektdesign und bekannten Namen wie Issey Miyake, Prada, Helmut Lange, Comme des Garçons. *10, Rue Boissy d'Anglas | M 1, 8, 12 Concorde | leclaireur.com | 8. Arr. | ▦ N8*

EMMAÜS ☎

Von Abbé Pierre gegründete soziale Institution. Hier findest du zwischen Gebrauchtem – Kleidung, Bücher, Geschirr, Möbel – so manches Schnäppchen. *Mo–Sa 11–19.30 Uhr | 54, Rue de Charonne | M 8 Ledru-Rollin | emmaus-alternatives.org | 11. Arr. | ▦ P9*

DÉPÔT VENTE DE PASSY

Im Depot bekommst du absolute Luxusmarken im Lagerverkauf: Garantiert sind schöne Schnäppchen dabei. *14, Rue de la Tour | M 6, 9 Trocadéro | depot-vente-luxe.fr | 16. Arr. | ▦ D8*

KOSMETIK & PARFUM

SÉPHORA

Riesiger Kosmetik- und Parfumtempel der gleichnamigen Kette. Bei Disko-Rhythmen wird nonstop ☎ „gratis" geschminkt. Hübsch bunt: die Bath-&-Body-Eigenmarke. *Tgl. 10–23.30 Uhr | 70–72, Av. des Champs-Élysées | M 1, 2, 6 | RER A Charles de Gaulle-Etoile | sephora.fr | 8. Arr. | ▦ G6*

FRAGONARD

Schnuppern erlaubt! In edel gestalteten Räumen nahe der Opéra Garnier ist das ☎ *Musée du Parfum (Eintritt frei)* der traditionsreichen Parfummarke Fragonard aus dem südfranzösischen Grasse untergebracht. Ziel des Ganzen ist natürlich, dass du dich am Ende deines Rundgangs im Verkaufsraum mit Parfum eindeckst. *Mo–Sa 9–18 Uhr | 3–5, Square Louis Jouvet | M 3, 7, 8 Opéra | musee-parfum-paris. fragonard.com | 9. Arr. | ▦ K5*

ABC DU PARFUM

Stell dir dein eigenes Parfum zusammen! In eigens dafür geschaffenen Ateliers wirst du in die Geheimnisse der Herstellung der duftenden Wässerchen eingeführt. Nach einem 1,5-stündigen Duft- und Geruchskurs darfst du deinen selbst kreierten Duft mitnehmen. *7, Rue Vineuse | M 6 Passy | abcduparfum.fr | 16. Arr. | ▦ E8*

KUNSTGALERIEN

Ultrahip ist alles, was spontan geschieht. Auf Websites wie *la-boutique-ephemere.com* werden kurzfristige Kunst- und Designverkäufe an spontan festgelegten Orten veröffentlicht. Besonders beliebt ist die *art éphémère:* Street-Art oder Fassadenmalerei. Peppig auch die Schablonenkunst *(pochoirs)* auf den Straßen von Paris. Übersichtspläne unter *trompe-l-oeil. info* oder *urbanart-paris.fr.*

Die größte Ansammlung von Galerien mit zeitgenössischer Kunst findest du in der Nähe der Kunstakademie in der *Rue de Seine* und ihren Seitenstraßen wie der *Rue des Beaux Arts,* der *Rue Jacques Callot* und der *Rue Mazarine* (*K–L8*). Eine ähnliche Häufung gibt es sonst nur noch in der *Rue Vieille du Temple* (*N7–8*), vor allem rund ums Picasso-Museum, und in der *Rue Quincampoix* (*M7*) beim Centre Georges Pompidou.

ART GÉNÉRATION
Paris gilt als die Stadt der Kunst. Warum nicht Originale als Mitbringsel erwerben? Hier, in der Nähe des Centre Pompidou, gibt es Gemälde, Fotos und Grafiken ab 25 Euro! *Di–Sa 11–19.30, So/Mo 14–19.30 Uhr | 67, Rue de la Verrerie | M 1, 11 Hôtel de Ville | artgeneration.fr | 4. Arr. | M8*

VIADUC DES ARTS
Unter den 60 Ziegelsteinbögen des Viadukts haben Künstler und Kunsthandwerker ihre Ateliers eingerichtet. Fürs leibliche Wohl zwischen den rund 130 Läden sorgen einige inspirierte Café-Restaurants. *1–129, Av. Daumesnil | M 1, 5, 8 Bastille | leviaducdesarts.com | 12. Arr. | O–P 9–10*

MÄRKTE
Jedes Viertel in Paris besitzt „seinen" Wochenmarkt, darunter einige wenige Ökomärkte, wie der *Marché biologique des Batignolles (Sa 9–14 Uhr | Blvd. des Batignolles | M 2 Rome u. M 2, 13 Place de Clichy | 8. Arr./17. Arr. | J3–4)* oder der *Marché biologique Brancusi (Sa 9–14 Uhr | Place Constantin Brancusi | M 13 Gaîté | 14. Arr. | K10).*

MARCHÉ DES ENFANTS ROUGES ⚑
Der älteste Lebensmittelmarkt von Paris drängt sich nicht auf. Klein, bunt und quirlig verbirgt er sich hinter Häusern im oberen Marais. Hier finden Sie nicht nur Lebensmittelstände, sondern auch viele kleine Restaurants und Streetfood. Sehr zu empfehlen: der marokkanische Couscous-Shop, vor dem sich oft eine lange Schlange bildet. *Di/Mi, Fr/Sa 8.30–20.30, Do 8.30–21.30, So 8.30–17 Uhr | M 8 Filles du Calvaire | 3. Arr. | N7*

INSIDER-TIPP
Ein Happen Marokko

MARCHÉ BARBÈS ⚑
Wochenmarkt mit vielen afrikanischen und orientalischen Spezialitä-

ten. Niedrige Preise und großer, bunter Trubel sind garantiert. *Mi u. Sa vormittags | Blvd. de la Chapelle | M 2, 4 Barbès-Rochechouart |* 12. Arr. | 🗺 M3

FLOHMÄRKTE

ALIGRE

Der sehr schöne Marché d'Aligre ist der älteste Flohmarkt von Paris. Die Angebote hier sind relativ preiswert, und es werden auch Lebensmittel verkauft. *Di–So vormittags | 1e, Place d'Aligre | M 8 Ledru-Rollin |* 12. Arr. | 🗺 P9

VANVES

Der Marché aux Puces de la Porte de Vanves ist der kleinste Pariser Flohmarkt, er erstreckt sich über ganze zwei Straßen. In der einen gibt es teilweise neue Kleidung, Schuhe und Taschen, in der anderen Kuriositäten und Einrichtungsgegenstände aller Art. *Sa/So 7–14 Uhr | Av. Georges Lafenestre u. Av. Marc Sangnier | M 13 Porte de Vanves | pucesdevanves.fr/willkommen_de |* 14. Arr. | 🗺 0

SAINT-OUEN ★

Mit mehr als 3000 Händlern ist der Marché aux Puces de Saint-Ouen der weltgrößte Flohmarkt. Hier gibt es so gut wie alles. Das Gelände an der Porte de Clignancourt erstreckt sich über 15 verschiedene Teilmärkte – um alle abzugehen, müsstest du etwa 15 km zurücklegen. Zur Stärkung zwischendurch empfiehlt sich die urige Livemusik-Kneipe *Chez Louisette (130, Av. Michelet)* auf dem *Marché Vernaison*. *Sa 9–18, So 10–18, Mo 11–17 Uhr | M 4 Porte de Clignancourt | marche auxpuces-saintouen.com |* 18. Arr. | 🗺 K–L1

So bunt wie diese Bilder ist der gesamte Marché aux Puces de Saint-Ouen

AUSGEHEN & FEIERN

Was gerade angesagt ist, ändert sich schnell in Paris. Sobald ein Viertel von Touristen entdeckt worden ist, wechselt die Pariser Nachtszene ihren Platz. Tendenziell geht es dabei immer weiter Richtung Osten. Um die noch bezahlbaren Künstlerwohnungen dort hat sich eine Kneipenszene entwickelt. Ein anderes Ausgehviertel mit fast dörflicher Atmosphäre ist die Butte aux Cailles mit vielen Kneipen und relativ günstigen Preisen. Vergiss nicht, dass die öffentlichen Verkehrsmittel nicht die ganze Nacht hindurch fahren (s. S. 148). Ins Bett kommst du nach 2 Uhr mit

Glänzend: die Philharmonie de Paris

Nachtbussen, Taxis und VTCs (s. S. 150) oder einem *Vélib'* (s. S. 149). Klar, in Paris gibt es viele edle Nachtclubs und Diskotheken, die von strengen Türstehern bewacht werden. Die neuen, angesagten Spots kommen jedoch immer öfter in verwegener Industrieromantik daher. Provisorische Bars, die für kurze Zeit in verlassene Fabrikhallen einziehen, bevor diese abgerissen und durch schicke Neubauten ersetzt werden. Das Pariser Nachtleben kann teuer sein. Der Eintritt in Clubs und Diskos kostet je nach Wochentag und Veranstaltung leicht um die 20 Euro. Übrigens: Im August ist vieles geschlossen.

WO PARIS AUSGEHT

PIGALLE

Sexshops, Bars und natürlich Le Moulin Rouge

Le Carmen ★   Ⓜ Pigalle

Boulevard de Courcelles

Parc Monceau

Arrondissement de l'Élysée

Av. des Champs-Élysées

New Morning ★ ◉

Rex-Club ★ ◉

SAINT-GERMAIN-DES-PRÉS

Klassisches, schickes Ausgehviertel

Jardin des Tuileries

Arrondissement du Louvre

Boulevard de Sébastopol

Le Perchoir ★ ◉

Boulevard Saint-Germain

Cluny-La Sorbonne Ⓜ

Jardin du Luxembourg

Arrondissement du Panthéon

Place Monge Ⓜ

Boulevard Auguste Blanqui

Corvisart Ⓜ

Arrondissement de l'Observatoire

Parc Montsouris

MARCO POLO HIGHLIGHTS

★ **LE PERCHOIR**
Die Pariser erobern die Dächer ihrer
Stadt ➤ S. 106

★ **LE CARMEN**
Exklusiver Club im Belle-Époque-
Rahmen ➤ S. 108

★ **REX-CLUB**
Riesendisko und bester Technoclub von
Paris ➤ S. 108

★ **LA DAME DE CANTON**
Ein musikalischer Abend auf einem
Seine-Schiff ➤ S. 109

★ **NEW MORNING**
Hier gastieren die besten Jazzmusiker
der Welt ➤ S. 111

★ **PHILHARMONIE DE PARIS**
Akustischer Hochgenuss in
zeitgenössischer Architektur verpackt
➤ S. 113

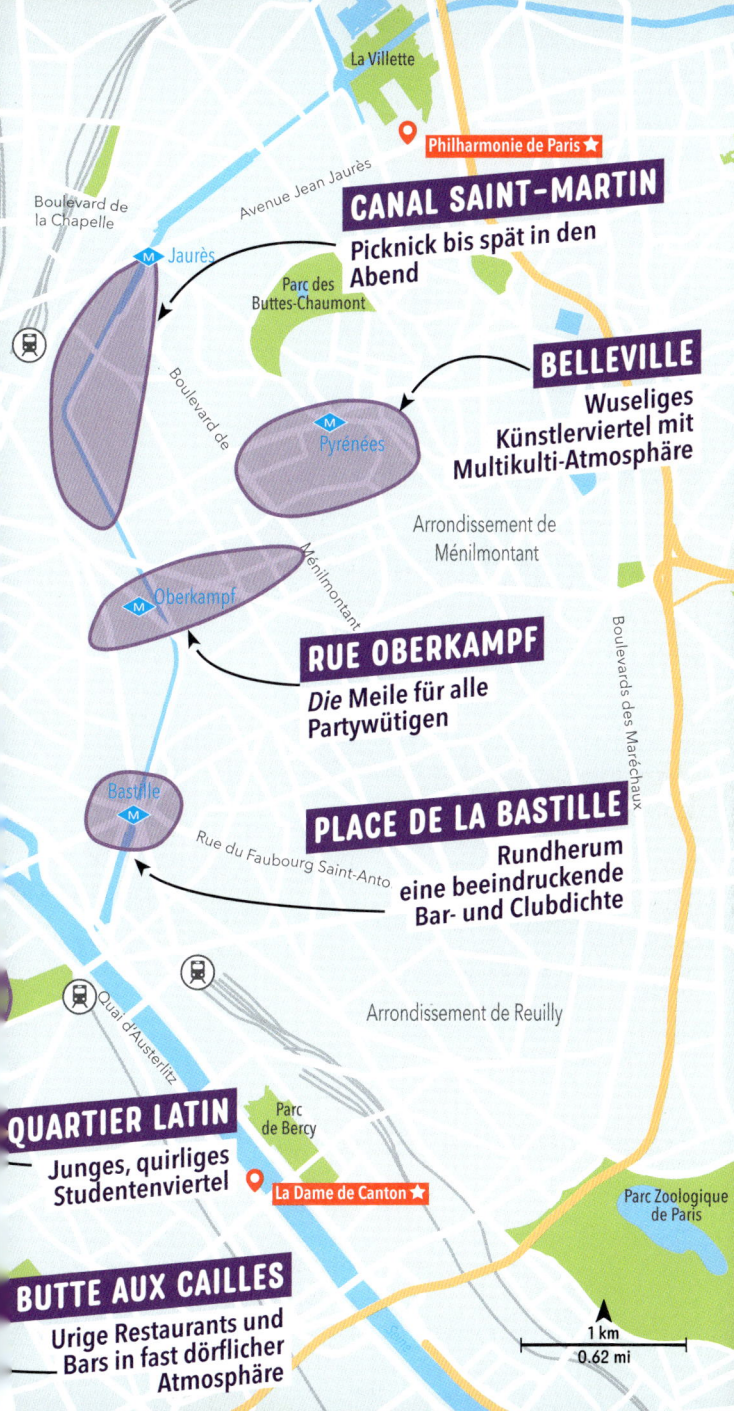

La Villette

Philharmonie de Paris ★

Avenue Jean Jaurès

Boulevard de la Chapelle

Ⓜ Jaurès

CANAL SAINT-MARTIN
Picknick bis spät in den Abend

Parc des Buttes-Chaumont

Boulevard de

BELLEVILLE
Wuseliges Künstlerviertel mit Multikulti-Atmosphäre

Ⓜ Pyrénées

Arrondissement de Ménilmontant

Ménilmontant

Ⓜ Oberkampf

RUE OBERKAMPF
Die Meile für alle Partywütigen

Boulevards des Maréchaux

Bastille
Ⓜ

PLACE DE LA BASTILLE
Rundherum eine beeindruckende Bar- und Clubdichte

Rue du Faubourg Saint-Anto

Quai d'Austerlitz

Arrondissement de Reuilly

QUARTIER LATIN
Junges, quirliges Studentenviertel

Parc de Bercy

La Dame de Canton ★

Parc Zoologique de Paris

BUTTE AUX CAILLES
Urige Restaurants und Bars in fast dörflicher Atmosphäre

1 km
0.62 mi

BARS

Ein Bier, aber bitte günstig! Über die App und Website *Mister Good Beer (mistergoodbeer.com)* findest du auf einer interaktiven Karte Bars mit Bierpreisen zwischen 2 und 6 Euro – inklusive der Angabe, ob Normalpreis oder Happy-Hour-Preis.

CHEZ JEANNETTE

Als Jeannette den Laden noch schmiss, kehrten hier Arbeiter und Prostituierte ein. Heute ist das Bistrot ein angesagter Szenetreff. *Tgl. | 47, Rue du Faubourg Saint-Denis | Tel. 01 47 70 30 89 | M 4, 8, 9 Strasbourg- Saint-Denis | facebook: @chez.jeannette | 10. Arr. | ⊞ M5*

JESUSPARADIS

Bei Jesus im Paradies gibt es den besten Caipirinha von Paris. Jesus ist eine Frau mit wilder Afromähne aus Capo

---

WOHIN ZUERST?

Im Bastille-Viertel, insbesondere in der **Rue de Lappe** und der **Rue de la Roquette** (⊞ O8-9) geht's abends hoch her. Weiter Richtung Norden, am **Canal Saint-Martin** (⊞ N-O 5-6) und am **Canal de l'Ourcq** (⊞ P2-3) werden, sobald das Wetter es zulässt, die Picknickdecken ausgebreitet. In der gleichen Ecke: das Multikultiviertel **Belleville** (⊞ P-Q 5-6). Etwas gediegener ist das Nachtleben links der Seine in **Saint-Germain-des-Prés** (⊞ J-K 8-9).

Verde. Bei gutem Wetter reißt sich das junge, hippe Paris um die Plätze auf ihrer Terrasse in der kleinen autofreien Passage. Brasilianische Tapas, Happy Hour von 17 bis 20 Uhr, der perfekte Spot für einen guten Start in den Abend. *Mo-Sa 17-1.30 Uhr | 4, Passage du Marché | Tel. 09 81 29 72 59 | M 4, 8, 9 Strasbourg-Saint-Denis | jesus paradis.fr | 10. Arr. | ⊞ M-N5*

LE PERCHOIR ⭐

Lange waren die Dächer von Paris den Schönen und Reichen vorbehalten. Dann kam Adrien Boissaye, der auf einer Dachterrasse mit Blick auf Sacré-Cœur seine Raucherpausen verbrachte, die Idee, hier eine Rooftop-Bar zu eröffnen, und die Pariser rannten ihm die Bude ein *(ganzj., wechselnde Ruhtage | 14, Rue Crespin du Gast | M 2 Ménilmontant | 11. Arr. | ⊞ P7).* Daher folgte die Eröffnung des Perchoir auf den Dächern des Kaufhauses *BHV Marais (ganzj., wechselnde Ruhtage | 37, Rue de la Verrerie | M 1, 11 Hôtel de Ville | 4. Arr. | ⊞ M8)* und der *Gare de l'Est (tgl., im Sommer | 10, Place du 11 Novembre 1918 | M 4, 5, 7 Gare de l'Est | 10. Arr. | ⊞ N5). leper choir.tv*

LE TRIBAL CAFÉ 🐷

Ein Klassiker: <mark>Hier bekommst du an manchen Tagen tatsächlich ein kleines Gratisessen.</mark> Im Gegenzug

INSIDER-TIPP
Für alle, die chronisch blank sind

musst du lediglich ordentlich bechern. Faire Getränkepreise, super Stimmung, ein guter Deal! Mi/Do *moules frites* (Muscheln mit Pommes), Fr/Sa

Wie es der Name sagt: Das Café Charbon war einmal eine Kohlenhandlung

couscous, jeweils ab 21 Uhr. *So geschl.* | *3, Cour des Petites Écuries* | *Tel. 0147705708* | *M 4 Château-d'Eau* | *10. Arr.* | *M5*

CAFÉ CHARBON

Die ehemalige Kohlenhandlung aus dem frühen 19. Jh. ist eine Institution. Hier ist garantiert immer was los! Von der kleinen Terrasse hast du die legendäre Ausgehstraße Rue Oberkampf perfekt im Blick. *Mo–Mi 8–2, Do 8–5, Fr/Sa 8–6 Uhr* | *109, Rue Oberkampf* | *Tel. 0143575513* | *M 3 Parmentier* | *lecafecharbon.fr* | *11. Arr.* | *P6*

ZÉRO ZÉRO

Klitzekleine Bar, in der die ganze Woche wechselnde DJs auflegen. Die Wände sind mit Graffiti vollgemalt, die Atmosphäre ist feucht-fröhlich. Die Spezialität des Hauses: ein Gemisch aus Wodka und Ingwer, das den Namen der Bar trägt und dich für nur 3,50 Euro deine Platzangst vergessen lässt. *Mo–Fr 18–2, Sa/So 20–2 Uhr* | *89, Rue Amelot* | *M 8 Saint-Sébastien-Froissart* | *facebook: Zéro Zéro* | *11. Arr.* | *O7*

LE SOCIAL BAR

Alle starren auf ihr Handy mit seinen ach so sozialen Netzwerken und keiner beachtet dich? Das kann dir hier nicht passieren! Diese Bar versteht sich als Labor der Geselligkeit. Die Gründer David, Maeva und Renaud haben sich Verschiedenes einfallen lassen, um die Gäste miteinander ins Gespräch zu bringen. An manchen Tagen musst du zum Beispiel den Preis deines Drinks von einem anderen würfeln lassen. Höchstpreis? Nicht ärgern! 50 Prozent der Einkünfte werden für soziale Zwecke gespendet. *So/Mo geschl.* | *25, Rue Villiot* | *Tel. 0149290337* | *M 1, 14 RER A Gare de Lyon* | *social-bar.org* | *12. Arr.* | *P10*

ICE KUBE BAR

Paris hat natürlich auch eine Ice Bar. Egal ob Sommer oder Winter, die Temperatur liegt hier konstant bei minus 10 Grad. Vor dem Betreten bekommst du Daunenjacke und Handschuhe, und dann musst du dich ranhalten, denn du hast genau 25 Minuten Zeit, um zwei Wodka-Cocktails und einen Kurzen zu trinken (Preis 25 Euro). *Tgl. 18.30–1 Uhr | 1–5, Passage Ruelle | Tel. 01 42 05 20 00 | M 2 La Chapelle | kubehotel-paris.com | 18. Arr. | ▥ N3*

CAFÉ CHÉRI(E)

Stadtteilkneipe im hippen Belleville mit vielen Stammgästen, zu denen sich das junge, lässige Paris gesellt. Verständlich! In der Happy Hour (17–21 Uhr) kostet ein großes Bier nur 4 Euro, und spielt das Wetter mit, kannst du es auf der Terrasse trinken. Do–Sa ab 21 Uhr legt ein DJ auf. Dann gibt es kein Halten mehr, bis um 2 Uhr alle vor die Tür gesetzt werden. *So geschl. | 44, Blvd. de la Villette | Tel. 09 53 05 93 36 | M 2, 11 Belleville | facebook: @cafe.cherie | 19. Arr. | ▥ P5*

INSIDER-TIPP
Ein, zwei, drei Feierabend-biere

ROSA BONHEUR

Die In-Bar im Parc des Buttes-Chaumont (mit zwei weiteren Locations an der Seine) ist leider Opfer ihres eigenen Erfolgs. Wenn du abends vor dem geschlossenen Park nicht stundenlang in einer Warteschlange stehen möchtest, dann trinkst du am besten schon nachmittags ein Gläschen im

INSIDER-TIPP
Sicher dir früh deinen Platz!

Biergarten. Hier kannst du dich außerdem stärken, bevor es auf die Tanzfläche geht. *Mi–Fr 12–24, Sa/So 10–24 Uhr | 2, Allée de la Cascade | Eingang nach 20 Uhr: großes Tor gegenüber 74, Rue Botzaris | Tel. 01 42 00 00 45 | M 7bis Botzaris | rosa bonheur.fr | 19. Arr. | ▥ Q4*

REX-CLUB ★

Riesendisko unter dem Kinopalast. Bester Technoclub der Stadt, auch House, Disko, Konzerte. *Do–Sa 23.30/ 24–7 Uhr | 5, Blvd. Poissonière | Tel. 01 42 36 10 96 | M 8, 9 Bonne Nouvelle | rexclub.com | 2. Arr. | ▥ M6*

LE CARMEN ★

Lass diesen Club lieber links liegen, wenn du etwas gegen Snobs hast! Falls du doch eintrittst, wirst du begeistert sein von diesem ehemaligen Luxusbordell. Riesige Spiegel, hohe Säulen und eine überreich verzierte Decke zeugen vom Glanz vergangener Zeiten. ☛ Der Eintritt ist kostenlos – wenn du es denn am Türsteher vorbei schaffst. *Di–Sa 18–6 Uhr | 34, Rue Duperré | Tel. 01 48 74 33 10 | M 2 Blanche | le-carmen.fr | 9. Arr. | ▥ K4*

LE BALAJO

Eine Institution auf der Ausgehmeile in der Rue de Lappe, und das seit 1936. Der montäglich stattfindende Tanztee (14–19 Uhr) erinnert an die Ursprünge, denn Balajo kommt von „Bal à Jo", „Joe's Ball". Den Rest der Woche gibt es Salsa- (Di/Do) und Rock-'n'-Roll-Kurse (Mi), am Wochenende

Die Ruhe vor dem Tanz: Bald wird es voll und laut im Rex Club

kannst du hier zu Hip-Hop und Elektro abtanzen, und am Sonntag werden Oldies gespielt. *Tgl. | 9, Rue de Lappe | Tel. 01 47 00 07 87 | M 1, 5, 8 Bastille | balajo.fr | 11. Arr. | ⊞ O8*

FAVELA CHIC

Am frühen Abend brasilianisch essen und Caipirinhas schlürfen, anschließend zu lateinamerikanischen Rhythmen auf den Bänken tanzen. *Di–Sa (Fr/Sa bis 5 Uhr) | 18, Rue du Faubourg du Temple | Tel. 01 40 21 38 14 | M 3, 5, 8, 9, 11 République | favelachic.com | 11. Arr. | ⊞ O6*

SUPERSONIC

Bar, Club und Konzertraum in einem. In den Backsteinlofts geht's ab mit Rock, Pop, Elektro und Hip-Hop. Die ganze Woche Gratiskonzerte, und am Wochenende wird abgetanzt bis zum Morgengrauen. *So–Do 18.30–2, Fr/Sa 18.30–6 Uhr | 9, Rue Biscornet | Tel. 01 49 23 41 90 | M 1, 5, 8 Bastille | facebook: @supersonicbastille | 12. Arr. | ⊞ O9*

LA DAME DE CANTON ⭐

Eine echte chinesische Dschunke auf der Seine! Feste Größe der Pariser Musikszene: Hier treten Gruppen wie Louise Attaque, Noir Désir oder Bénabar auf. Vor Konzertbeginn kannst du an Bord lecker speisen. *Di–Sa 19–24 Uhr, Bar Fr/Sa 19–2 Uhr | Port de la Gare | Tel. 01 53 61 08 49 | M 6 Quai de la Gare | M 14, RER C Bibliothèque F. Mitterrand | damedecanton.com | 13. Arr. | ⊞ P12*

WANDERLUST

Club und Konzertsaal in der futuristisch anmutenden neongrünen Cité

INSIDER-TIPP
Feierlust mit Seine-Blick

de la Mode direkt an der Seine. Ein Besuch lohnt sich besonders im Sommer, wenn die Terrasse mit ihrem Food Court geöffnet ist! *Wechselnde Öffnungszeiten je nach Jahreszeit | 32, Quai d'Austerlitz | 06 33 09 89 28 | M 5, 10, RER C Gare d'Austerlitz | wanderlustparis.com | 13. Arr. | ☐ O11*

LE DIVAN DU MONDE & MADAME ARTHUR

Le Divan du Monde, ein altes Pariser Theater mit Bühne und Empore im lebendigen Pigalle-Viertel hat sich mit seiner Nachbarin *Madame Arthur,* einem legendären Travestietheater, zusammengetan. Das Duo hat sich ganz dem französischen Chanson verschrieben. Für 50 Euro bekommst du hier zwei Kabaretteinlagen mit Abendessen und anschließender Feierei bis in den frühen Morgen. Ist dir das zu teuer, kannst du auch einfach einen Stehplatz ohne Verzehr für 15 Euro nehmen. *Do–Sa 20–6 Uhr | 75 u. 75 bis, Rue des Martyrs | Tel. 01 40 05 08 10 | M 2, 12 Pigalle | divandumonde.com | 18. Arr. | ☐ L4*

LE HASARD LUDIQUE

Mal wieder ein verlassener Bahnhof der ehemaligen Ringbahn, den sich die Pariser zurückerobert haben – und das im wahrsten Sinne des Worts! Denn Kulturzentrum „Das Zufallsspiel" wurde 2017 von den Anwohnern mitentwickelt. Im Festsaal finden regelmäßig Konzerte und Partys statt, und die *Cantine créative* hat eine anständige Auswahl an Tapas und Getränken

auf Lager. Den „Nectar Cosmique" solltest du allein schon wegen des lustigen Namens probieren. *Di/Mi 12–24, Do–Sa 12–2, So 12–22 Uhr | 128, Av. de Saint-Ouen | Tel. 01 42 28 35 91 | M 13 Porte de Saint- Ouen | lehasardludique.paris | 18. Arr. | ☐ J1*

INSIDER-TIPP
Dieses Bier gibt's nur hier

JAZZ & LIVEMUSIK

LE BAISER SALÉ

Jazzkeller mit Bar und Jazzvideos. Relaxte Atmosphäre. Salsa und Blues, Fusion und Funk. *Tgl. | 58, Rue des Lombards | Tel. 01 42 33 37 71 | M 1, 4, 7, 11, 14 Châtelet, RER A, B, D Châtelet-Les Halles | lebaisersale.com | 1. Arr. | ☐ M8*

AU DUC DES LOMBARDS

Gemütlicher Club mit breitem Spektrum: Freejazz bis Hardbop. Auch Restaurant (Di–Sa) mit kleinen Gerichten. *Mo–Sa | 42, Rue des Lombards | Tel. 01 42 33 22 88 | M 1, 4, 7, 11, 14 Châtelet, RER A, B, D Châtelet-Les Halles | ducdeslombards.com | 1. Arr. | ☐ M8*

CAVEAU DE LA HUCHETTE

In den Gemäuern eines mittelalterlichen Gewölbekellers bringen jeden Abend Jazzbands die Gäste in Stimmung. *Tgl. | 5, Rue de la Huchette | Tel. 01 43 26 65 05 | M 4 Saint-Michel, Cité | caveaudelahuchette.fr | 5. Arr. | ☐ L9*

LE CAVERN

Klein, aber oho! Denn was man von draußen nicht sieht: Am Ende des langen, schmalen Raums im Erdgeschoss führt eine Treppe hinunter in einen urigen Gewölbekeller. Hier finden  regelmäßig Gratiskonzerte statt, und am Wochenende kannst du bis in den frühen Morgen feiern. *Mi/Do 18–2, Fr/ Sa 18–6 Uhr | 21, Rue Dauphine | Tel. 01 43 54 53 82 | M 4, 10 Odéon | leca vernclub.com | 5. Arr. | ⊞ L8*

NEW MORNING ★
Der beste Jazzclub der Stadt: Hier treten die international bekanntesten Musiker der Szene auf. *Je nach Programm bis ca. 1 Uhr | 7–9, Rue des Petites-Écuries | M 4 Château d'Eau | newmorning.com | 10. Arr. | ⊞ M5*

LE BATACLAN
Legendäre Pariser Konzert- und Showbühne, die sich nach dem Terroranschlag vom 13. November 2015 wieder berappelt hat. Nach einjähriger Renovierung treten hier wieder französische und internationale Rock- und Popgrößen auf. *50, Blvd. Voltaire | Tel. 01 43 14 00 30 | M 5, 9 Oberkampf | bataclan.fr | 11. Arr. | ⊞ O7*

MOONSHINER
Moonshiner, das sind in den USA illegal gebrannte Spirituosen. Du ahnst, was jetzt kommt: genau! Diese Bar befindet sich hinter einer Kühlkammertür der unscheinbaren *Pizzeria Da Vito*. Klar, der internationale Trend der Speakeasy-Bars, inspiriert von den versteckten Bars der amerikanischen Prohibition, hat auch vor Paris nicht haltgemacht. Diese Cocktailbar beamt dich ins New York der 1920er-Jahre. *Tgl. | 5, Rue Sedaine | Tel. 09 50 73 12 99*

Im mittelalterlichen Gewölbe swingt es seit über 70 Jahren: Caveau de la Huchette

| M 5 Bréguet-Sabin | facebook: Moon shiner | 11. Arr. | ◻ O8

LA GARE
Ein echt cooler Laden in einer alten Bahnhofshalle auf einem verwunschenen Gelände mit Terrasse und Garten. Wo seit 1934 keine Züge mehr halten, treten nun mehr oder weniger bekannte Jazzgrößen auf. ⚫ Eintritt frei, günstige Snacks und Getränke sowie eine perfekte Mund-zu-Mund-Propaganda, die für ein bunt gemischtes Publikum sorgt. *So–Mi 18–1, Do–Sa 18–2 Uhr, Konzerte tgl. ab 21 Uhr | 1, Av. Corentin Cariou | M 7 Corentin Cariou | facebook: @LaGareJazz | 19. Arr. | ◻ P2*

LA BELLEVILLOISE
Alte, 2000 m² große Halle aus dem 19. Jh. mit herrlich buntem Allerlei: Livekonzerte und Kunstausstellungen, Events aller Art, Café, Restaurant. Sonntags ausgezeichneter Jazz-Brunch mit Buffet und Livemusik: unbedingt reservieren *(11.30 o. 14 Uhr | 29 Euro). Restaurant Mi/Do 19–1, Fr/Sa 19–2, Uhr, So 11.30–16 Uhr, Veranstaltungssäle je nach Programm | 19–21, Rue Boyer | Tel. 01 46 36 07 07 | M 3 Gambetta | labellevilloise.com | 20. Arr. | ◻ R6*

INSIDER-TIPP
Jazz mir mal die Konfitüre rüber!

KINOS
Ausländische Filme werden oft in der Originalversion mit französischen Untertiteln *(version originale avec sous-titres, VOST)* gezeigt. Französisch synchronisierte Filme sind durch VF *(version française)* gekennzeichnet.
Neben den drei großen Ketten *Gaumont Pathé (cinemasgaumontpathe. com), UGC (ugc.fr)* und *MK2 (mk2. com)* gibt es viele kleine, unabhängige Kinos.

CINÉMATHÈQUE FRANÇAISE
Der futuristische Bau von Frank O. Gehry ist ein Mekka für Kinofreaks! Ein *Museum (Mi–Mo 12–19 Uhr | Eintritt 5 Euro)* mit Filmplakaten, Kostümen und Requisiten, ein Archiv mit über 40 000 Filmen und mehrere Kinosäle. Hier wird Filmgeschichte lebendig. Online-Kalender mit allen Filmvorführungen. *Di geschl. | 51, Rue de Bercy | M 6, 14 Bercy | cinematheque.fr | 12. Arr. | ◻ P11*

VIRTUAL REALITY IM MK2
Paris hat eine neue Dimension: Die Kinokette MK2 hat den ersten Virtual-Reality-Erlebnisraum eröffnet. An zwölf Stationen kannst du hier die neusten VR-Produktionen ausprobieren: Da die Platzzahl begrenzt ist, unbedingt reservieren!
Die wechselnden Inhalte umfassen alle Genres von Bewegungssimulatoren und Videospielen bis hin zu kurzen Dokumentationen und Spielfilmen. Brille auf, und los geht's! Absoluter Hit bei der Eröffnung war „Birdly", ein Flugsimulator, mit dem man ins Federkleid eines Vogels schlüpft. *Eintritt: 12 Euro/20 Min., 24 Euro/50 Min. | 160, Av. de France | M 14, RER C Bibliothèque François Mitterrand | mk2vr.com | 13. Arr. | ◻ P12*

KONZERTE

Von Spitzenkünstlern bis zu Amateuren finden alle ein Forum in Paris, das auch ein Zentrum der Ethnomusik ist. Im Sommer sind viele Veranstaltungen gratis; im Juli/August spielen Musiker in den Parks.

OLYMPIA

Hier ging es schon Ende des 19. Jhs. rund: legendärer, weltbekannter Konzertsaal. Das Spektrum reicht von französischen Showgrößen bis hin zu den Rolling Stones. *28, Blvd. des Capucines | Tel. 08 92 68 33 68 (*) | M 3, 7, 8 Opéra, RER A Auber | olympiahall. com | 9. Arr. | ▢ J6*

LA CIGALE

In dieser Show- und Musikhalle tritt schon mal Herbert Grönemeyer auf.

Oder aber Kurt Vile & The Violators. *120, Blvd. Rochechouart | Tel. 01 49 25 89 99 | M 2, 12 Pigalle | lacigale.fr | 18. Arr. | ▢ L4*

PHILHARMONIE DE PARIS ⭐

Die Philharmonie von Jean Nouvel beeindruckt durch den spektakulären Bau mit begehbarem Dach. Keiner der 2400 Zuhörer sitzt mehr als 30 m von der mittig verankerten Bühne entfernt. Das musikalische Angebot reicht von Klassik bis Weltmusik. Mit Café und Panorama-Restaurant. *221, Av. Jean-Jaurès | Tel. 01 44 84 44 84 | M 5 Porte de Pantin | philharmoniedeparis.fr | 19. Arr. | ▢ R2*

LE ZÉNITH

Riesiger Konzertsaal im Parc de la Villette: Bis zu 9000 Fans können hier bei Rock- und Popkonzerten voll und

Der Name „Die Grille" täuscht. Im La Cigale wird ordentlich gerockt!

Crazy Horse: Striptease mal anders – erotisch-ästhetisch, farbig und fantasievoll

ganz aus sich herausgehen. *211, Av. Jean-Jaurès | Tel. 01 44 52 54 56 | M 5 Porte de Pantin | le-zenith.com | 19. Arr. | ▢ R2*

REVUEN

LE CRAZY HORSE
Schlüpfrig? Aber nein! Hier bekommst du Erotik mit künstlerischem Anspruch. Ballett und Striptease mit schönen, ästhetischen Effekten. *Shows: So–Fr 20.30, 23, Sa 19, 21.30, 24 Uhr | Eintritt ab 85 Euro | 12, Av. George V | Tel. 01 47 23 32 32 | M 1 George V, M 9 Alma Marceau | lecrazy horseparis.com | 8. Arr. | ▢ F6*

LE MOULIN ROUGE ⚑
Aufwendige Revuen in der „Roten Mühle", dem von Henri de Toulouse-Lautrec unsterblich gemachten

Geburtsort des Cancan am Fuß des Montmartre. *Revuen zwischen 13 u. 23 Uhr | Eintritt ab 87 Euro, mit Mittagessen ab 165 Euro, mit Abendessen ab 180 Euro | 82, Blvd. de Clichy | Tel. 01 53 09 82 82 | M 2 Blanche | moulin rouge.fr | 18. Arr. | ▢ K3*

THEATER

Du würdest gerne ins Theater gehen, sprichst aber kein Wort Französisch? *Theatre in Paris (theatreinparis.com)* hat die Lösung: englische Übertitel! Aktuelles Angebot auf der Website.

COMÉDIE FRANÇAISE
Gegründet 1680 unter Ludwig XIV. Klassisches Theater in der Tradition von Molière. ☞ Plätze mit eingeschränkter Sicht, die nur 5 Euro kosten, gibt es eine Stunde vor der Vorstel-

lung, und montags können alle Menschen unter 28 Jahren umsonst zuschauen. *1, Place Colette | Tel. 01 44 58 15 15 | M 1, 7 Palais Royal–Musée du Louvre | comedie-francaise.fr | 1. Arr. | K7*

THÉÂTRE DE LA VILLE

„Die" Pariser Bühne für modernen Tanz. Daneben Schauspiel und Musik (viel Ethno). 2021 Neueröffnung nach Renovierung, bis dahin findet das Programm im Théâtre des Abbesses, im Espace Cardin und an 17 weiteren Spielstätten statt (s. Website). *2, Place du Châtelet | Tel. 01 42 74 22 77 | M 1, 4, 7, 11, 14 Châtelet, RER A, B, D Châtelet-Les Halles | theatredelaville-paris.com | 4. Arr. | L8*

THÉÂTRE ÉQUESTRE ZINGARO

Beim weltbekannten Pferdechoreografen Bartabas gibt es Reitsport mit künstlerischem Anspruch zu sehen. Die von Bartabas geleitete Reitakademie befindet sich in den königlichen Stallungen des Schlosses von Versailles (s. S. 68) und kann gesondert besichtigt werden *(bartabas.fr/academie-equestre-de-versailles). 176, Av. Jean Jaurès | Aubervilliers | M 7 Fort d'Aubervilliers | bartabas.fr/theatre-zingaro | 0*

ZIRKUS

CIRQUE D'HIVER

Der über 150 Jahre alte Zirkus-Prachtbau gilt als einer der schönsten der Welt. Von September bis März zeigt Familie Bouglione hier besten Traditionszirkus. *Shows Fr 20.30, Sa/So (tw. auch Mi) 10.45, 14, 17.15, 20.30 Uhr | Eintritt 12–62 Euro im Internet | 110, Rue Amelot | M 8 Filles du Calvaire | cirquedhiver.com | 11. Arr. | O7*

ZU VIEL DER LIEBE

Heiratsantrag, Flitterwochen, ein Wochenende mit der Geliebten – die Liebenden dieser Welt kommen nach Paris. Und wie symbolisiert der Weltbürger von heute seine Liebe? Klar, mit einem Vorhänge… äh, Liebesschloss. Am besten in Herzform, mit eingravierten Initialen. Ganz easy online zu bestellen oder in einfacherer Form bei einem der Dutzenden Straßenhändler vor Ort erhältlich. Wenn selbst Ueckermünde in Mecklenburg-Vorpommern mit der Last der Liebesschlösser zu kämpfen hat, kannst du dir vorstellen, was in Paris los ist. Auf der Fußgängerbrücke Pont des Arts war's am schlimmsten. Als das Geländer stellenweise zusammenbrach, entfernte die Stadt hier 45 t Liebesbeweise und ersetzte das Brückengitter durch Glasscheiben. Die Liebesschlossaufhänger wichen daraufhin auf andere Brücken aus. Schilder mit der Aufschrift „Unsere Brücken werden Ihrer Liebe nicht standhalten" untersagen mittlerweile das Anbringen von Schlössern. Das abmontierte Metall wurde versteigert und brachte 250 000 Euro für die Flüchtlingshilfe ein.

AKTIV &
ENTSPANNT

Place des Vosges

SPORT, SPASS & WELLNESS

FUSSBALL GUCKEN

Im *Parc des Princes* kannst du dir die Heimspiele des PSG anschauen und mit der neuen 👥 *PSG Experience* einen Blick hinter die Kulissen werfen. Im Programm: Stadionführung (27,50 Euro), ein History Room (12,50 Euro) und ein Virtual-Reality-Bereich (30 Euro für 13 Jetons). Das volle Programm bekommst du für 45,50 Euro. *24, Rue du Commandant Guilbaud | M 9 Porte de Saint-Cloud | billetterie.psg. fr | en.psg.fr | 16. Arr. | 🗺 A10–11*

Deine Heimatmannschaft spielt das entscheidende Spiel der Saison? Kein Grund, die Paris-Reise abzublasen! Im *Café Titon* kannst du dir Bundesliga- und Pokalspiele anschauen. Dazu bekommst du, je nach Gusto, deutsches Bier und Currywurst oder französischen Wein und Bistrotküche. *Mo–Sa 8–2, So 10–23 Uhr | 34, Rue Titon | Tel. 09 53 17 94 10 | M 8 Faidherbe-Chaligny | cafe titon.com | 11. Arr. | 🗺 Q9*

BADEN 🏖 👥

Der *Aquaboulevard* ist eines der größten Spaßbäder Europas, das unter seinem Glasdach verschiedenste Becken mit Wasserfällen sowie unzähligen Rutschbahnen birgt. *Mo–Do 9–23, Fr 9–24, Sa 8–24, So 8–23 Uhr | Eintritt 29–33 Euro, Kinder 3–11 J. 19 Euro | 4, Rue Louis Armand | M 8 Balard | aqua boulevard.com | 15. Arr. | 🗺 D12*

WELLNESS

„Zen" bedeutet in Frankreich so viel wie „entspannt und relaxt". In der 🏖 *Bar à Sieste – ZZZ Zen* suchst du dir eine Shiatsu-Liege oder einen Sessel aus und bekommst einen Kopfhörer mit Sphärenmusik verpasst. Die Liegen sind durch Wände oder Vorhänge voneinander getrennt. Ausgefeilteste japanische Geräte rütteln und kneten dich nun 35 Minuten durch. Dafür musst du 22 Euro hinlegen, was für Paris fast geschenkt ist. Dazu wird

Wasser von allen Seiten im Aquaboulevard

noch ein Biotee gereicht. Wenn du noch mehr für dich tun möchtest, lass dir im Gewölbekeller von kleinen Fischen die Hornhaut von den Füßen knabbern (20 Euro) oder du gönnst dir eine Maniküre (ab 15 Euro). *Mo–Sa 12–20 Uhr | 29, Passage Choiseul | Tel. 01 71 60 81 55 | M 7, 14 Pyramides | barasieste.com | 2. Arr. | K6*

Allmorgendlich tanken Dutzende Pariser Lebensenergie mit geübten chinesischen Qigong-Meistern im *Parc des Buttes-Chaumont* (s. S. 64) im Osten der Stadt. Kostenlos, bei jedem Wetter, an 365 Tagen im Jahr. Wenn du ein Frühaufsteher bist, gibt es keine bessere Art, in den Tag zu starten. Nach einer Stunde der ruhigen Bewegungsabfolgen kann dir die Hektik der Großstadt nichts mehr anhaben – tschakka! *Tgl. 9–10 Uhr | Av. de la Cascade schräg gegenüber vom Ausflugslokal Rosa Bonheur | M 7 Botzaris | 19. Arr. | Q4*

INLINESKATEN

Jeden Freitagabend flitzen Tausende Inlineskater über 30 km abgesperrte Straßen. Los geht's um 22 Uhr zwischen Montparnasse-Bahnhof und -Turm. *Gare Montparnasse | M 4, 6, 12, 13 Montparnasse-Bienvenüe | pari-roller.com | 14. Arr. | H–J 10–11*

BOULE SPIELEN

Doch, doch, Boule ist tatsächlich eine Sportart! Eine urfranzösische dazu. Sie wird nicht etwa nur von Rentnern und reichen Ruheständlern in Südfrankreich betrieben – nein, in Paris ist es geradezu cool, sich im Sommer zum Boulespielen zu treffen. Das *Boulodrome* veranstaltet neben Turnieren auch Boule-Partys mit Open-Air-Bar und DJs. *Route des Fortifications | M 8 Porte de Charenton | facebook: @lesaperosdela petanque | 12. Arr. | R–S12*

INSIDER-TIPP
Les Apéros de la Pétanque

FESTE & EVENTS

FEBRUAR
Chinesisches Neujahrsfest: farbenprächtiger Umzug um die Place d'Italie (variabler Termin)

MÄRZ
Livre Paris: größte französische Buchmesse, die jedes Jahr an der Porte de Versailles stattfindet. *livreparis.com*

MÄRZ–APRIL
Banlieues Bleues: Jazzfestival allerersten Ranges in Saint-Denis und anderen Vororten. *banlieuesbleues.org*

MAI
Nuit européenne des musées: Viele Pariser Museen nehmen alljährlich an der Europäischen Nacht der Museen teil.

MAI–JUNI
French Open: An die 60 000 Tennisbälle werden jährlich verballert, wenn die Stars im Stade Roland-Garros aufeinandertreffen. *roland garros.com*

JUNI
⭐ 🎭 **Fête de la Musique:** An fast jeder Ecke der Stadt gibt es die ganze Nacht Gratiskonzerte (21./22. Juni).
Marche des fiertés lesbiennes, gaies, bi et trans: Umzug der Schwulen, Lesben, Bi- und Transsexuellen durch das Zentrum von Paris (4. Samstag)

JUNI–JULI
🎭 **Paris Jazz Festival:** jedes Wochenende Gratiskonzerte internationaler Jazzgrößen im Parc Floral des Bois de Vincennes. *parisjazzfestival.fr*

JULI
Nationalfeiertag: große Militärparade auf den Champs-Élysées und Feuerwerk auf der Place du Trocadéro, am Abend und Vorabend Bälle in den Feuerwehrkasernen (14. Juli)

Der Eiffelturm im Pulverdampf des Feuerwerks zum 14. Juli

Tour de France: Schlussetappe mit Ziel auf den Champs-Élysées (vorletzter oder letzter Sonntag)

JULI–AUGUST
Paris Plages: ab Mitte Juli fünf Wochen lang Strandvergnügungen aller Art

☞ **Quartier d'Eté:** viele schöne Gratiskonzerte in Parks und auf kleinen Plätzen (ab Mitte Juli). *quartierdete. com*

☞ **Open-Air-Kino:** kostenloses Freilichtkino im Parc de la Villette (ab Mitte Juli)

AUGUST
Rock en Seine: Namhafte Rockgrößen treten drei Tage lang im Park von Saint-Cloud auf. *rockenseine.com*

SEPTEMBER
Journées européennes du patrimoine: freier Eintritt in sonst fürs Publikum unzugängliche öffentliche Gebäude (3. Wochenende)

SEPTEMBER–DEZEMBER
⭐ **Festival d'Automne:** Herbstfestival mit Theater-, Musik- und Tanzinszenierungen. *festival-automne.com*

OKTOBER
Fête des Vendanges: großes Fest zur Weinlese am Montmartre (erster Samstag). *fetedesvendangesdemontmartre.com*

Fiac: sehr umfangreiche zeitgenössische Kunstmesse. *fiac.com*

Nuit Blanche: eine ganze Nacht mit Musik- und Kunst-Happenings an teilweise ungewöhnlichen Orten (meist erster Samstag)

OKTOBER–NOVEMBER
Paris Games Week: Um den Monatswechsel Vorstellung der allerneusten Videospiele. *parisgamesweek.com*

SCHÖNER SCHLAFEN

LANDHAUS MIT PARK

Das *Hôtel des Grandes Écoles (51 Zi. | 75, Rue du Cardinal Lemoine | Tel. 01 43 26 79 23 | M 10 Cardinal Lemoine | hotel-grandes-ecoles.com | €€ | 5. Arr. | ▢ M9)* ist ein absolutes Highlight. Wer würde nur wenige Meter von der belebten Rue Mouffetard und dem Panthéon ein ländliches Idyll erwarten? In gänzlich ruhiger Atmosphäre sind die mit Stilmöbeln ausgestatteten Zimmer auf drei kleine Gebäude verteilt und haben überwiegend Blick auf den Park, in dem du übrigens gechillt frühstücken kannst.

BACKPACKER UNTER SICH

Bevor Matthieu, Damien und Louis das Hostel *Les Piaules (162 Betten | 59, Blvd. de Belleville | Tel. 01 43 55 09 97 | M 2 Couronnes | les piaules.com | € | 11. Arr. | ▢ P6)* eröffneten, sind sie selbst als Backpacker um die Welt gereist. Ihre Erfahrungen

sind in die Konzeption der Stockbetten mit Vorhängen, Leselampen, Schließfächern und Steckdosen zum nächtlichen Handyaufladen eingeflossen. An der Bar gibt es lokale Produkte, von der Dachterrasse hast du einen tollen Blick auf die Stadt – alles zu erschwinglichen Preisen.

INSIDER-TIPP

Da hat mal jemand mitgedacht!

UNTEN AM FLUSS

Das erste Pariser Hotel, das auf der Seine schwimmt. Das *OFF Paris Seine (54 Zi., 4 Suiten | 20–22, Port d'Austerlitz | Tel. 01 44 06 62 65 | M 5, 10, RER C Gare d'Austerlitz | offparisseine.com | €€€ | 13. Arr. | ▢ O11)* ist stylish, modern, mit viel Metall, Glas und Holz. Es liegt am Seine-Ufer vor der Gare d'Austerlitz, dem neuen Pariser In-Spot. Bei den Zimmern hast du die Wahl zwischen Blick auf das Treiben am Anleger oder auf die Seine, und

Hotel im Fluss: das OFF Paris Seine

wenn's was ganz Besonderes sein soll, warum nicht die orangerote Designersuite „Sunset", in der immer Sonnenuntergang herrscht?

ÖKO BIS INS BETT

Das *Solar Hotel (24 Zi. | 22, Rue Boulard | Tel. 01 43 21 08 20 | M 4, 6,| RER B Denfert-Rochereau | solarhotel.fr | € | 14. Arr. |* 📖 *J12).* ist das erste Hotel in Paris, das sich ökologisch nennt und seine Verbrauchszahlen nicht nur öffentlich bekannt gibt, sondern auch zu verringern versucht. Das Frühstück ist zu 100 Prozent bio. Niemand hat etwas dagegen, wenn du im Garten selbst mitgebrachtes Essen verspeist. Auch Fahrräder stehen für dich bereit.

EINE SICHERE PARTIE

Ein echtes Juwel ist das *Hôtel Eldorado (33 Zi. | 18, Rue des Dames | Tel. 01 45 22 35 21 | M 2, 13 Place de Clichy | eldoradohotel.fr | € | 17. Arr. |* 📖 *J3)* mit einem hübschen kleinen Garten mitten in Paris. Liebevoll eingerichtete Zimmer. Ruhig, aber zentral am Fuß des Montmartre gelegen. Schöne Weinbar und Restaurant mit Sommerterrasse und mediterran beeinflusster Küche mit einer asiatischen Note hier und da.

TOTAL DURCHGEKNALLT!

Im *Chez Bertrand (12, Rue Gustave Rouanet | Tel. 06 63 19 19 87 | M 4 Porte de Clignancourt | chezbertrand.com, paris-champion.de, paris-circus.de | € | 18. Arr. |* 📖 *L1)* steht die Toilette schon mal in einer alten Telefonzelle, der Kronleuchter ist aus Tennisbällen und das Bett befindet sich in einer Ente (2 CV). Die fünf kunterbunten Ferienwohnungen von Bertrand de Neuville, der übrigens Deutsch spricht, liegen alle im Norden der Stadt, nicht weit weg von Montmartre und dem Flohmarkt von Saint-Ouen.

ERLEBNIS TOUREN

Lust, die einzigartigen Facetten der Stadt zu entdecken? Dann sind die Erlebnistouren genau das Richtige für dich! Ganz einfach wird es mit der MARCO POLO Touren-App: Die Tour über den QR-Code aufs Smartphone laden – und auch offline die perfekte Orientierung haben.

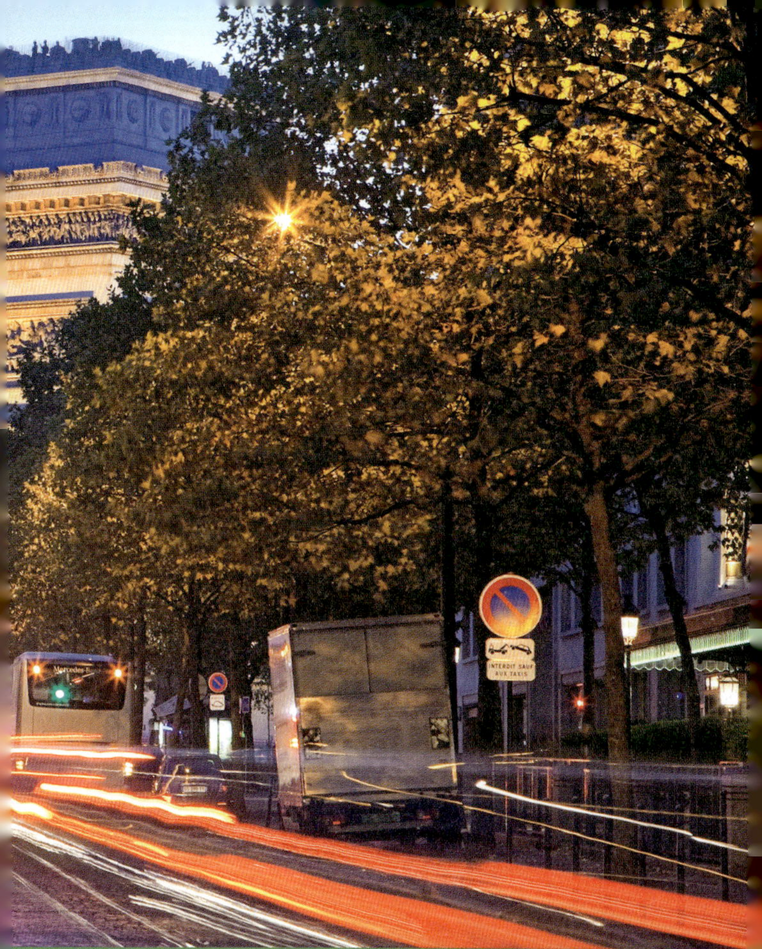

Abendstimmung am Arc de Triomphe

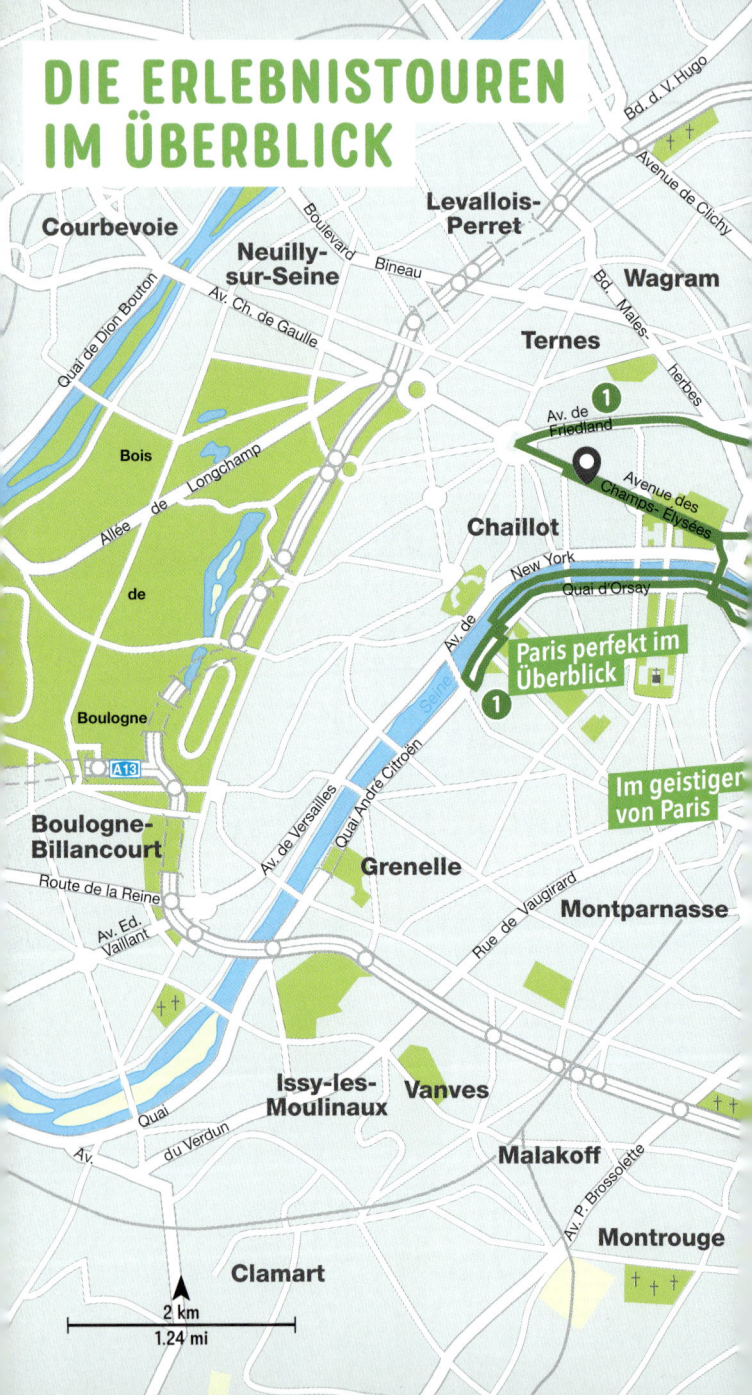

DIE ERLEBNISTOUREN IM ÜBERBLICK

Courbevoie

Levallois-Perret

Neuilly-sur-Seine

Boulevard Bineau

Av. Ch. de Gaulle

Quai de Dion Bouton

Wagram

Bd. Males-herbes

Ternes

Av. de Friedland

1

Bois

Longchamp

Allée de

de

Chaillot

Avenue des Champs-Elysées

New York

Quai d'Orsay

Av. de

Paris perfekt im Überblick

1

Boulogne

A13

Seine

Im geistiger von Paris

Boulogne-Billancourt

Route de la Reine

Av. Ed. Vaillant

Av. de Versailles

Quai André Citroën

Grenelle

Rue de Vaugirard

Montparnasse

Quai

du Verdun

Av.

Issy-les-Moulinaux

Vanves

Malakoff

Av. P. Brossolette

Montrouge

Clamart

2 km
1.24 mi

Bd. d. V. Hugo

Avenue de Clichy

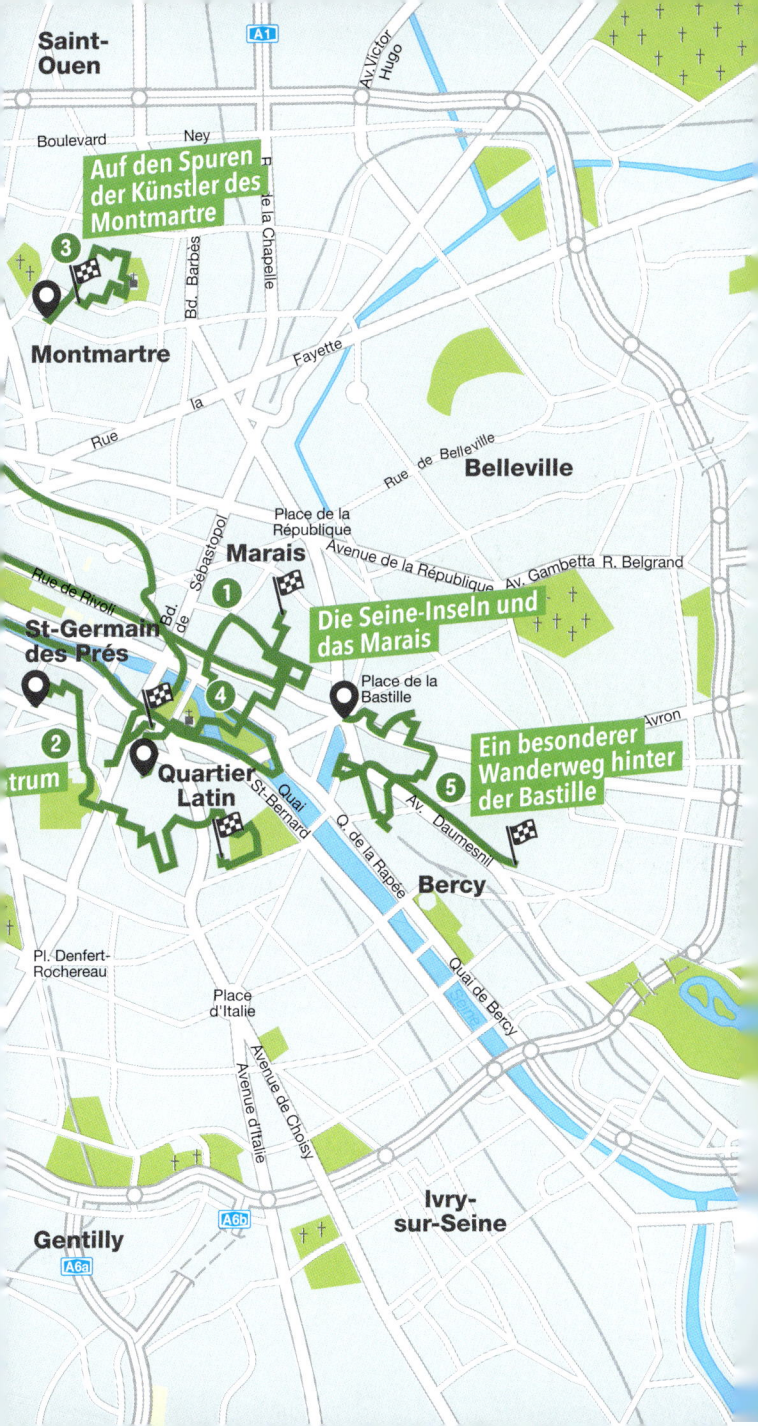

❶ PARIS PERFEKT IM ÜBERBLICK

➤ Auf den Champs-Élysées flanieren
➤ Der Eiffelturm aus Sicht der Seine
➤ Ein traumhafter Blick über die Stadt

📍 Fouquet's

🏁 Caveau de la Huchette

→ 27,5 km

🚶 1 Tag, reine Gehzeit 3 Stunden

ℹ️ Kosten: Métro-/Bustickets ca. 8 Euro, Ticket Batobus 17 Euro, Eintritt Musée d'Orsay 14 Euro, Arc de Triomphe 12 Euro
Métro zum Startpunkt der Tour an den Champs-Elysées: M 1 George V
Plätze fürs Diner im ❾ **Bouillon Racine** reservieren
Métrostation vom Ziel der Tour in der Rue de la Huche: M4 Saint-Michel oder Cité

---

❶ Fouquet's

❷ Place de la Concorde

PRÄCHTIGE AVENUE, PRÄCHTIGE GEBÄUDE

Starten Sie den Tag mit einem Frühstück an den Champs-Élysées ➤ S. 48. Eine ganz edle Adresse dort ist das ❶ Fouquet's *(tgl. | Nr. 99 | 8. Arr. | Tel. 01 40 69 60 50 | €€€)*. Hier feiern die Stars der Filmbranche alljährlich die Verleihung des französischen Filmpreises „César". Geschäftiges Treiben auf dem Boulevard mit dem Triumphbogen im Hintergrund ist die beste Einstimmung auf einen Paris-Bummel.

Mit dem Bus Nr. 73 fährst du danach die Prachtstraße herunter, vorbei an den Glaspalästen Grand & Petit Palais ➤ S. 50. Während du die ❷ Place de la Concorde ➤ S. 51 mit dem repräsentativen Obelisken und den riesigen Brunnendenkmälern überquerst, ermisst du erst die Größe dieses Platzes. *Bevor der Bus abbiegt,* wirf noch einen Blick auf den Jardin des Tuileries ➤ S. 34, den ältesten Park der Stadt, der den Platz mit dem Louvre verbindet. Jetzt geht es über die Seine,

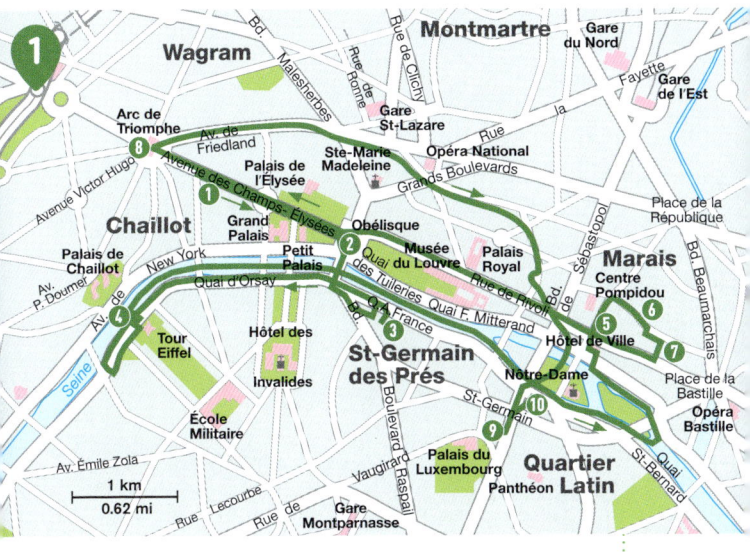

und du *steigst an der Endhaltestelle* ❸ **Musée d'Orsay** ➤ **S. 46** *aus*. Du wirst begeistert sein von der Architektur dieses umgebauten Bahnhofs und von der Sammlung französischer Impressionisten. Nach einem kleinen Imbiss im Museum *steigst du nun an der Haltestelle Musée d'Orsay in den RER C, und schon drei Stationen weiter* bist du am **Eiffelturm** ➤ **S. 44** angekommen.

AUF DER SEINE ZUM KÖNIGSPLATZ

Zu seinen Füßen *an der Brücke* ❹ **Pont d'Iéna** *wartet ein Schiff der Batobus-Linie auf dich.* Von der Seine aus betrachtest du die Stadt aus einem ganz anderen Blickwinkel. Während der Fahrt gleitest du unter zahlreichen Brücken hindurch – darunter der mit viel Gold dekorierte **Pont Alexandre III** ➤ **S. 50** und der berühmte **Pont Neuf** ➤ **S. 33** – und kommen zum Herzen der Stadt, den Inseln. Links von dir erstrecken sich die langen Gemäuer des ehemaligen Königssitzes, der als Louvre ➤ S. 33 zum größten Museum der Welt geworden ist. Während du die Inseln umrundest, kannst du schauen, wie die Renovierungsarbeiten an **Notre-Dame** ➤ **S. 39** vorangehen.

❸ **Musée d'Orsay**

❹ **Pont d'Iéna**

Streetlife in der Rue des Rosiers, einer der typischen Straßen im Marais-Viertel

⑤ Hôtel de Ville

⑥ Marais

Verlass das Schiff an der Haltestelle beim **⑤ Hôtel de Ville ➤ S. 39**. Von hier ist es zu Fuß *über die Rue de Rivoli und die Rue Vieille du Temple* nicht weit ins quirlige Viertel **⑥ Marais**. Zahlreiche kleine Läden laden hier zum Shoppen ein, z. B. die Filiale von **Uniqlo** in der Rue des Francs-Bourgeois (Nr. 39) mit ihren günstigen Modekollektionen. Für eine Pause bieten sich die nostalgischen Cafés des Viertels an, besonders schön sitzt man dabei am ehemaligen Königsplatz, der **Place des Vosges ➤ S. 37**, im **⑦ Café Hugo** *(tgl. | Nr. 22 | 4. Arr. | Tel. 01 42 72 64 04 | €–€€).*

⑦ Café Hugo

UNTERIRDISCH ZUM TRIUMPHBOGEN

Ab in die Métro: *Von der Station Saint Paul, die du über die Rue de Birague und die Rue Saint-Antoine erreichst, fährst du mit der M1 zur Station Charles de Gaulle-Étoile,* also diesmal unterirdisch, zurück zum Ausgangspunkt Ihrer Stadttour und noch ein Stück weiter: nämlich zum **⑧ Arc de Triomphe ➤ S. 47** und seiner Aussichtstribüne. Hier, wo an der Place Charles de Gaulle-Étoile zwölf

⑧ Arc de Triomphe

Avenuen zu einem Stern *(étoile)* zusammenlaufen, bekommt man den besten Eindruck von der Anlage der Stadt. Sicher hast du nun längst Appetit aufs *dîner* bekommen und hoffentlich schon reserviert in einem der stimmungsvollen Belle-Époque-Restaurants, für die Paris so bekannt ist.

NACH DEM DINER IN DEN JAZZCLUB

Dafür bietet sich das ❾ Bouillon Racine ➤ S. 81 im alten Intellektuellenviertel Saint-Germain-des-Prés ➤ S. 132 an. Am zügigsten erreichst du es *mit dem RER A ab Charles de Gaulle-Étoile: Steig an der Station Châtelet-Les Halles in den RER B um und fahr bis zur Station Saint-Michel.* Im Restaurant schwelgst du in den floralen Formen des Jugendstils, und auch dein Menü wird dekorativ angerichtet sein. Lass dir ruhig Zeit: Vor der Haustür tobt das Nachtleben. Einer der urigsten Jazzclubs des Viertels ist der ❿ Caveau de la Huchette ➤ S. 110 – der richtige Ort für einen stilvollen Abschluss deines Paris-Tages.

❾ Bouillon Racine

❿ Caveau de la Huchette

❷ IM GEISTIGEN ZENTRUM VON PARIS

➤ **Von Galerie zu Galerie schlendern**
➤ **Picknickdecke im Jardin du Luxembourg ausbreiten**
➤ **Die Reste des römischen Paris aufspüren**

📍 Les Deux Magots

🏁 Café Maure

→ 4,8 km

🚶 4 Stunden, reine Gehzeit 1¼ Stunden

ℹ️ Métro zum Startpunkt der Tour an der Place Saint-Germain-des-Prés: M 4 Saint-Germain-des-Prés Métrostation vom Ziel der Tour in der Rue Geoffrey Saint-Hilaire: M7 Place Monge oder Censier Daubenton

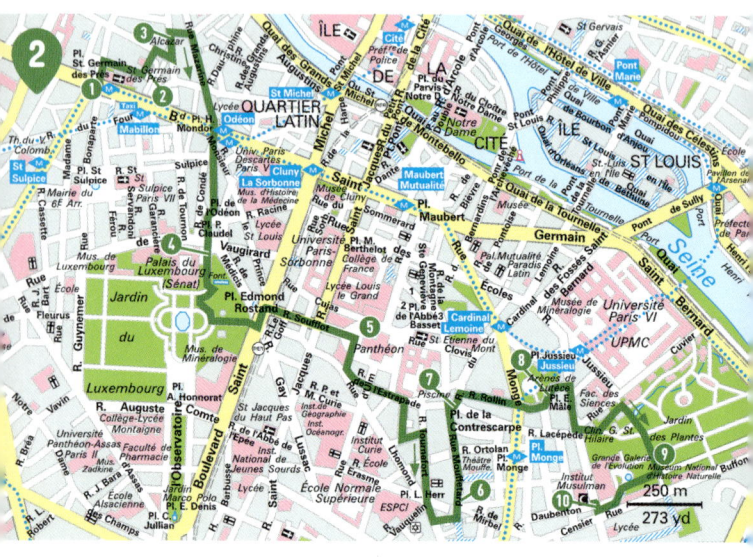

KIRCHEN & CAFÉS, PLÄTZE & PARKS

❶ Les Deux Magots

Die Terrasse des ❶ **Les Deux Magots** ➤ S. 75 ist eine Art Loge und perfekter Startpunkt für diese Tour: Beobachte hier bequem zurückgelehnt Flaneure und gestresste Pariser. Gegenüber steht die Kirche Saint-Germain-des-Prés aus dem 8. Jh., eine der ältesten von Paris. An der Rue Bonaparte, aber auch in den anderen Straßen des Viertels, finden sich viele Galerien, Antiquitätenhändler, Stoffgeschäfte, Cafés und Restaurants. *Du folgst der Rue de l'Abbaye hinter der Kirche* bis zum romantischen, baumbestandenen Platz an der ❷ **Rue de**

❷ Rue de Furstemberg

Furstemberg, an der sich das Atelier des Malers Eugène Delacroix befand (Nr. 6) – dessen Besuch im Eintrittspreis für den Louvre übrigens mit inbegriffen ist *(musee-delacroix.fr).*

Dann geht es rechts in die Rue Jacob, die in die lebendige Rue de Seine mündet. Dort kannst du dir auf der

❸ La Palette

immer gut besuchten Terrasse des ❸ **La Palette** *(tgl. | 43, Rue de Seine | Tel. 01 43 26 68 15)* einen Café genehmigen. *Weiter geht es durch die Rue Jacques Callot, dann rechts in die Rue Mazarine hinauf, über den Boulevard Saint-Germain in die Rue de l'Odéon.* Am neoklassizistischen Théâtre de l'Odéon vorbei kommst du dann zum ❹ **Jardin du Luxembourg** ➤ S. 44, einem der beliebtesten Parks von Paris. Im Angesicht des Palais du Luxembourg, das dem florentinischen Palazzo Pitti nachempfunden ist, bietet sich eine Rast am Wasserbassin oder an der schattigen **Fontaine de Médicis** an.

❹ Jardin du Luxembourg

GEISTESTEMPEL & GOURMETSHOPPING

Gegenüber vom Haupteingang, jenseits des belebten Boulevard Saint-Michel mit seinen Straßencafés, *führt die Rue Soufflot* zum kuppelförmigen ❺ **Panthéon** ➤ S. 42 hinauf, dem Ruhmestempel vieler großer Franzosen. Die engen Gassen, die sich die Montagne Sainte-Geneviève hinaufschlängeln, gehören zur ältesten Siedlungszone von Paris. *Folgen Sie der Rue Malebranche,* der im Graben einer Stadtmauer aus dem Mittelalter angelegten *Rue des Fossés Saint-Jacques und –* über die Place de l'Estrapade mit ihren Bäumen, Bänken und einem Brunnen – *der Rue de l'Estrapade;* die Straßen strahlen die Beschaulichkeit einer Provinzstadt aus. Mit der nahe gelegenen Universität Sorbonne und vielen Eliteschulen des Landes liegt hier gleichwohl ein wichtiges Zentrum des geistigen Lebens der Stadt.

❺ Panthéon

❻ Rue Mouffetard

❼ Place de la Contrescarpe

Eines der vielen Cafés an der Rue de Seine: La Palette

Du gehst durch die Rue Laromiguière, die Rue Amyot und die Rue Tournefort hinunter in die Rue Lohmond und dort links in die enge Passage des Postes: Hier wird es nun deutlich belebter. Die immer quirlige und sehr alte ❻ **Rue Mouffetard** ➤ S. 42 ist im unteren Teil ein farbenprächtiger Markt mit vielen guten Lebensmittelläden. Weiter oben wird die „Mouff" zunehmend touristischer. Vor der Nr. 66 steht oft eine lange Schlange, denn bei **Au p'tit Grec** gibt es die besten Galettes (herzhafte Crêpes) von Paris. Weiter geht's die Straße hinauf zur ❼ **Place de la Contrescarpe**, auf der oft Straßenmusiker spielen. Mit

Eine orientalische Oase mitten in der City: die Grand Mosquée de Paris

etwas Glück kommst du hier auch in den Genuss einer 🐾 Gratismassage, die dir so gut tut, dass du dem massierenden Gutmenschen anschließend gerne einen Obolus dalässt.

MUSEEN, GÄRTEN & EINE MOSCHEE

Von der Rue du Cardinal Lemoine (in Nr. 74 wohnte einst Ernest Hemingway) *zweigt die Rue Rollin ab* mit ihren windschiefen alten Häusern. *Eine Treppe hinunter und über die Rue Monge* liegen links die ❽ **Arènes de Lutèce**, ein römisches Amphitheater, das erst im 19. Jh. freigelegt wurde. *Du gehst nun rechts in die Rue Linné* (später Rue Geoffroy Saint-Hilaire) *und hinein in den* ❾ **Jardin des Plantes ➤ S. 43** mit seinen Gartenanlagen, Gewächshäusern und dem Muséum National d'Histoire Naturelle. *Weiter geht es über die Rue Buffon und die Rue Daubenton zur* **Grande Mosquée de Paris**. Zum Abschluss des Spaziergangs Tausendundeine Nacht: Hol dir unbedingt im maurischen Teesalon des ❿ **Café Maure** *(tgl. | 39, Rue Geoffroy St-Hilaire | 5. Arr. |*

❽ Arènes de Lutèce

❾ Jardin des Plantes

❿ Café Maure

Tel. 01 43 31 14 32 | €) in der Anlage der Großen Moschee orientalisches Gebäck und lass dir dazu einen Minztee servieren.

❸ AUF DEN SPUREN DER KÜNSTLER DES MONTMARTRE

➤ **Wo sich Picasso & Co. so herumtrieben**
➤ **Sich in den kleinen Gassen verlieren**
➤ **Von Sacré-Cœur aus nichts als Paris sehen**

📍	Moulin Rouge	🏁	L'atelier Montmartre
→	2,4 km	🚶	3 Stunden, reine Gehzeit 40 Minuten
ℹ	Métro zum Startpunkt der Tour: M 2 Blanche Métrostation vom Ziel der Tour in der Rue Burq: M12 Abbesses		

GLEICH DREI MÜHLEN!

Rund um die Métrostation Blanche im ⭐ Montmartre-Viertel blüht das Sexgewerbe: mittendrin das ❶ **Moulin Rouge** ➤ **S. 114**, das nach wie vor zu einem der beliebtesten Touristenziele zählt. Du lässt diesen leicht heruntergekommenen Eindruck schnell hinter dir, wenn du in die *den Berg hinaufführende Rue Lépic einbiegst.* In der Nr. 15 befindet sich das **Café des 2 Moulins**, in dem der Kultfilm „Die fabelhafte Welt der Amelie" gedreht wurde. Gegenüber in der Nr. 26 solltest du die winzige, altmodisch gebliebene Bäckerei ❷ **Les Petits Mitrons** mit ihren appetitanregenden Tartes in Schaufenster besuchen. *Auf dem weiteren Weg über die Rue Abesses, die Rue Durantin und die ansteigende Rue Tholozé* ist noch eine dörfliche Atmosphäre zu spüren. *Oben an der Rue Lépic angekommen,* hast du einen umwerfenden Blick auf die goldene Kuppel des

❶ Moulin Rouge

❷ Les Petits Mitrons

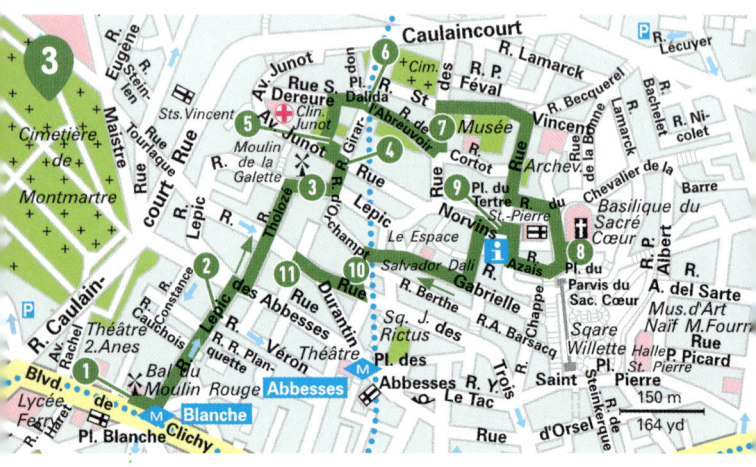

Invalidendoms ➤ S. 45, die aus dem Häusermeer herausleuchtet. Vor dir liegt der Garten der Moulin de la Galette. Das Gelände zwischen den zwei Mühlen, die noch von außen zu besichtigen sind, wurde im 19. Jh. zu einem beliebten Tanzsaal umgebaut. Der wurde durch das gleichnamige Gemälde des Impressionisten Auguste Renoir weltberühmt. Auf dem Gelände befindet sich auch das Restaurant ❸ **Le Moulin de la Galette** *(tgl. | 83, Rue Lepic | Tel. 01 46 06 84 77 | lemoulinde lagalette.fr | €€).* Mach hier eine erste Pause.

❸ Le Moulin de la Galette

WO LITERATUR UND CHANSON WOHNTEN

❹ Place Marcel Aymé

Nach der Rast stößt du als Erstes auf die ❹ **Place Marcel Aymé**. Du wunderst dich, dass dort eine Bronzefigur aus einer Mauer kommt? Es handelt sich um die Hauptfigur der Novelle „Passe Mureille" (Der Mann, der durch die Mauer geht) und versteht sich als Huldigung an den Schriftsteller Aymé, der an diesem Platz wohnte. *Über die Avenue Junot und die Rue Simon Dereure gelangst du an deren Ende rechts* zu dem kleinen Park

❺ Square Suzanne Buisson

❺ **Square Suzanne Buisson**. Dort kannst du auf einer Bank die Beine ausstrecken und dir die **Statue des Saint Denis** anschauen. Der Heilige soll den Weg, den du bisher gekommen bist, mit seinem Kopf in der Hand zurückgelegt haben. *Zurück am Eingangstor geht es rechts eine Treppe hoch über einen idyllischen klei-*

nen Weg zur ⑥ **Place Dalida**. Die Statue der ägyptisch-italienischen Sängerin (1933–87) blickt die Rue de l'Abreuvoir hoch, die sich mit ihren kleinen, windschiefen Häusern malerisch den Berg hinaufschlängelt. *An ihrem Ende links abwärts in die Rue des Saules* erstreckt sich plötzlich ein kleiner ⑦ **Weinberg**: Die Weinlese ist alljährlich im Oktober Anlass für ein Fest, die Fête des Vendanges ➤ S. 121. Ein paar Meter weiter unten befindet sich das berühmte Kabarett **Au Lapin Agile**, das dem Chansonsänger Aristide Bruant gehörte und dessen Wirt viele damals noch arme und unbekannte Künstler unterstützte.

KIRCHENSTUFEN ÜBERM KÜNSTLERVIERTEL

Durch die Rue Saint-Vincent näherst du dich dann von hinten der blendend weißen, in einer Art Zuckerbäckerstil gebauten Basilika ⑧ **Sacré-Cœur** ➤ S. 63. Genieß von der Treppe auf der Vorderseite den Blick auf Paris. Die engen Gassen um die Kirche herum mit ihren Souvenirläden sowie vor allem die ⑨ **Place du Tertre** ➤ S. 63 sind immer voller Touristen, und mancher aufdringliche Maler wird ein Porträt von dir anfertigen wollen. *Durch die Rue Norvins geht es schließlich wie-*

⑥ **Place Dalida**

⑦ **Weinberg**

⑧ **Sacré-Cœur**

⑨ **Place du Tertre**

Wer hier wohnt, kann die Trauben reifen sehen: der Pariser Weinberg in Montmartre

der hinunter in die Rue Gabrielle (in der Nr. 49 hatte Pablo Picasso sein erstes Atelier), *und durch die Rue Ravignan erreichst du die baumbestandene Place Émile Goudeau:* In einem Atelier des ❿ Bateau-Lavoir genannten Hauses entstand Picassos berühmtes kubistisches Bild „Les Demoiselles d'Avignon". Unterhalb laden mehrere hübsche Lokale zu einer Mahlzeit ein. Schau anschließend in der Bar ⓫ L'atelier Montmartre *(tgl. | 6, Rue Burq | 18. Arr. | Tel. 01 42 51 32 27 | €)* vorbei. Hier stellen zeitgenössische Künstler aus, und mit etwas Glück findet gerade ein Happening statt.

❹ DIE SEINE-INSELN UND DAS MARAIS

➤ **Zurück ins Mittelalter**
➤ **Bei der angeschlagenen Notre-Dame vorbeischauen**
➤ **Im Village Saint-Paul stöbern**

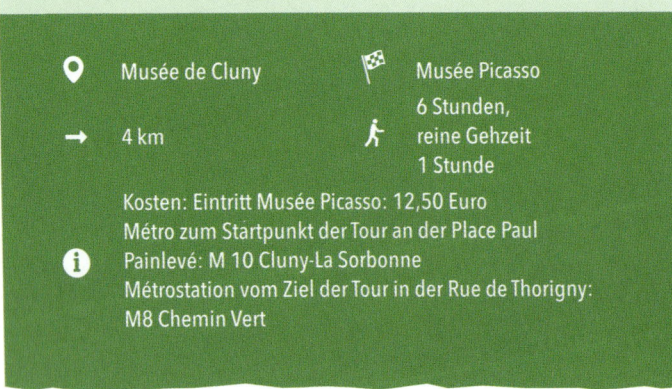

📍 Musée de Cluny   🏁 Musée Picasso

➡ 4 km   🚶 6 Stunden, reine Gehzeit 1 Stunde

ℹ Kosten: Eintritt Musée Picasso: 12,50 Euro
Métro zum Startpunkt der Tour an der Place Paul Painlevé: M 10 Cluny-La Sorbonne
Métrostation vom Ziel der Tour in der Rue de Thorigny: M8 Chemin Vert

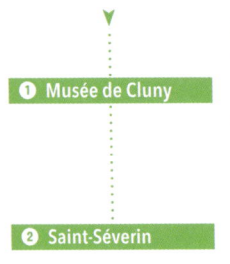

ALTE KIRCHEN, ALTE BÄUME, ALTE INSELN

In der kleinen Parkanlage im Schatten der römischen Thermen um das frisch renovierte ❶ Musée de Cluny ➤ S. 41 kannst du dich wunderbar auf diesen Tag einstimmen. *Auf der anderen Seite des Boulevard Saint-Germain* beginnt ein mittelalterliches Straßengewirr um die im gotischen Flamboyant-Stil erbaute Kirche ❷ Saint-Séverin: Besonders bemerkenswert ist

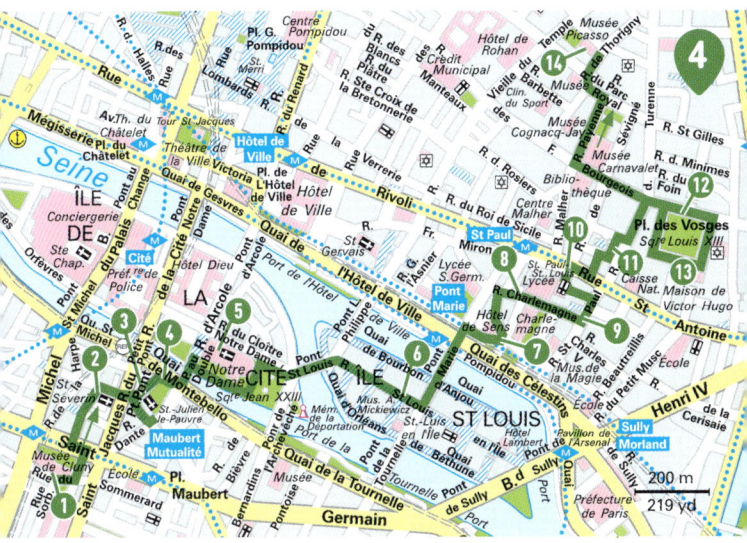

die fünfschiffige Anlage, die einen doppelreihigen
Säulengang an der Apsis ergibt. Wie Pflanzenstängel
wächst das Kreuzrippengeflecht empor, dazwischen
zeigen sich farbenprächtige moderne Glasfenster. Im
Viertel laden hübsche kleine Cafés wie das **La Fourmi
Ailée ➤ S. 83** zum Verweilen ein, aber es gibt auch viele Restaurants, die um die Touristen werben.

Durch die Rue Saint-Séverin sind es nur wenige Schritte
zur kleinen, gedrungenen ❸ **Saint-Julien-le-Pauvre**,
der ältesten Kirche der Stadt aus der Mitte des 12. Jhs.
Im angrenzenden Park, dem ❹ **Square Viviani**, steht
der älteste Baum der Stadt. Von hier hast du einen herrlichen Blick auf die Seine, auf die Kästen der Bouquinis-
tes ➤ S. 92 und auf die Kathedrale ❺ **Notre-Dame
➤ S. 39**, die nach dem Großbrand von 2019 bis 2024
aufwendig renoviert wird. An ihrer Ostfassade befindet
sich ein hübscher Garten. Gleich daneben *verbindet
eine kleine Brücke die* Île de la Cité ➤ S. 30 mit der Île
Saint-Louis. Beide Inseln bilden als ihre ältesten Teile
das Herz von Paris. Auf ihrem Verbindungsstück wird
fast immer Straßenkunst geboten. Die Rue Saint-Louis-
en-l'Île mit ihren schönen kleinen Geschäften lädt zum
Bummeln ein: Bei ❻ **Amorino** *(tgl. 11.30/12–22.30/*

❸ **Saint-Julien-le-
Pauvre**

❹ **Square Viviani**

❺ **Notre-Dame**

❻ **Amorino**

Blick ganz nach oben: in die Kuppeln der Barockkirche Saint-Paul

⑦ Hôtel de Sens

⑧ Chez Mademoiselle

⑨ Village Saint-Paul

⑩ Saint-Paul

⑪ Place du Marché Sainte-Cathérine

23.30 Uhr | 47, Rue Saint-Louis-en-Île) z. B. bekommst du die berühmte Eisblume, mit der die Marke international bekannt wurde.

KUNST & TRÖDEL

Die Brücke Pont Marie führt direkt ins Marais. Gleich rechts, an der Ecke Rue de l'Hôtel de Ville und Rue du Figuier, stehst du vor dem ⑦ **Hôtel de Sens**, das einst den mächtigen Bischöfen der Stadt Sens als Zweitwohnsitz gedient hat. Heutzutage beherbergt das festungsartige spätgotische Gebäude die Kunstbibliothek **Bibliothèque Forney**, in der regelmäßige Wechselausstellungen stattfinden *(paris.fr/equipements/bibliotheque-forney-18).*

INSIDER-TIPP
Mehr als nur eine Bibliothek

Am Ende der Rue du Figuier stößt du auf die Rue Charlemagne und dort auf das charmante kleine Terrassenrestaurant ⑧ **Chez Mademoiselle** *(tgl. | Rue Charlemagne 16 | 4. Arr. | Tel. 01 42 72 14 16 | €–€€).* Nach einem Imbiss gehst du nun *weiter durch die Rue Charlemagne,* vorbei an den Resten eines Turms und Teilen der Stadtmauer aus dem 13. Jh. Im Innenhoflabyrinth des ⑨ **Village Saint-Paul** ➤ S. 92 ist Zeit und Platz zum Stöbern: Etwa 60 Antiquitätenhändler bieten Möbel, Gemälde, Geschirr, Lampen und Schmuck an.

VICTOR HUGO & PABLO PICASSO BESUCHEN

Weiter geht es links die Rue Saint-Paul hinauf bis zur Passage Saint-Paul, die durch einen Seiteneingang in die dreigeschossige Barockkirche ⑩ **Saint-Paul** mit ihrer großen Kuppel führt. Am Haupteingang flutet der Verkehr der Rue Saint-Antoine vorbei. *Ein Stück weiter Richtung Bastille biegst du links in die Rue Caron* und kommst so zur romantischen ⑪ **Place du Marché**

Sainte-Cathérine ➤ S. 37 mit ihren Platanen und Cafés. Hier kannst du kurz verschnaufen, bevor es *über die Rue de Turenne rechts in die belebte Rue des Francs-Bourgeois geht,* in der sich schöne Adelspaläste aneinanderreihen. Von dort gelangst du zur noblen ⑫ **Place des Vosges** ➤ S. 37, einem der schönsten Plätze der Stadt. Umrunde ihn, und wenn du Lust hast, wirf einen Blick in die ehemalige Wohnung (erkennbar an der Flagge an der Südostecke des Platzes) des französischen Nationaldichters, das ⑬ **Maison Victor Hugo** ➤ S. 36. *Dann gehst du über den Platz zurück zur Rue des Francs-Bourgeois, rechts in die Rue Payenne und biegst über die Rue du Parc Royal in die Rue de Thorigny ein,* um die umfangreichste Picasso-Sammlung der Welt im ⑭ **Musée Picasso** ➤ S. 36 im Hôtel Salé zu bestaunen, wo du den Tag im **Café sur le toit** *(Di–Fr 10.30–18, Sa/So 9.30–18 Uhr | Tel. 01 44 61 79 19 | €)* stilvoll ausklingen lassen kannst.

⑫ **Place des Vosges**

⑬ **Maison Victor Hugo**

⑭ **Musée Picasso**

Hier begann Victor Hugo mit der Arbeit an seinem Werk „Les Misérables"

❺ EIN BESONDERER WANDERWEG HINTER DER BASTILLE

➤ Durch alte Handwerkerhöfe streifen
➤ Bootsschau im Yachthafen
➤ In eine grüne Oase klettern

📍 Métrostation Bastille

🏁 Jardin de Reuilly

→ 6,2 km

🚶 5 Stunden, reine Gehzeit 1,5 Stunden

ℹ️ Métrolinien zum Startpunkt: M 1, 5, 8
Rückfahrt ins Zentrum bzw. zum Restaurant Pachamama: M 8 Montgallet bis Bastille
Das Viaduc des Arts ist auch sonntags geöffnet.

VON HOF ZU HOF SPAZIEREN

❶ Métrostation Bastille

Die ❶ Métrostation Bastille ist Startpunkt dieser Tour im Osten des Zentrums. Von der Bastille – der Sturm auf dieses Staatsgefängnis gilt als Auftakt zur Französischen Revolution 1789 – ist nichts mehr übrig geblieben. Stattdessen zeichnet auf der Place de la Bastille eine Pflasteränderung an der Mündung des Boulevards Henri IV den ursprünglichen Umriss des Gebäudes nach. Am besten steuerst du gleich auf die silber blinkende Opéra Bastille ➤ S. 55 zu und verlässt den riesigen, frisch sanierten Platz *in Richtung Rue du Faubourg Saint-Antoine.*

Wenn du nach versteckt liegenden Eingängen Ausschau hältst, wirst du so manchen ehemaligen Handwerkerhof entdecken: *Gleich zu Beginn der Rue de la Roquette* (Nr. 2) kommst du in die ruhige ❷ Passage du Cheval Blanc, die in Höfe unterteilt ist, die nach den ersten sechs Monaten des Jahres benannt sind. *Du biegst rechts in die Cité Parchappe ab, so kommst du wieder auf die Rue du Faubourg Saint-Antoine,* an der

❷ Passage du Cheval Blanc

idyllische Höfe wie Perlen aufgereiht sind: zum Beispiel der Cour Saint-Louis oder der Cour Vigues.

AUF SCHLEMMERTOUR

In der Nr. 46 gibt es im ❸ Pachamama Architektur von Gustave Eiffel, gepaart mit südamerikanischem Flair. Hier kannst du schon mal einen Tisch für abends reservieren. *Gegenüber biegst du links in die Rue de Charonne ein,* eine belebte Einkaufsstraße. In der Nr. 41 kannst du auf der Terrasse des Szenecafés ❹ Pause Café ➤ S. 85 einen *café crème* trinken. Danach durchquerst du die üppig begrünte, pittoreske ❺ Passage Lhomme, *bis du an der Avenue Ledru-Rollin herauskommst.* In der Nr. 98 kannst du dir dort ein Schokoteilchen aus der ❻ Chocolaterie Pause Détente *(Mo geschl.)* als Wegzehrung mitnehmen. *Zurück auf der Rue du Faubourg Saint-Antoine biegst du rechts in die Rue Crozatier ein und gehst bis zur Rue d'Aligre, die direkt auf die Place d'Aligre zuläuft.* Auf dem sehr ursprünglichen ❼ Marché d'Aligre ➤ S. 101 findest du in der 200 Jahre alten Markthalle z. B. die köstlichsten Käsesorten, Schinken- und Wurstwaren im Überfluss. Bei

INSIDER-TIPP
Schlemmen wie Gott in Frankreich

❸ Pachamama

❹ Pause Café

❺ Passage Lhomme

❻ Chocolaterie Pause Détente

❼ Marché d'Aligre

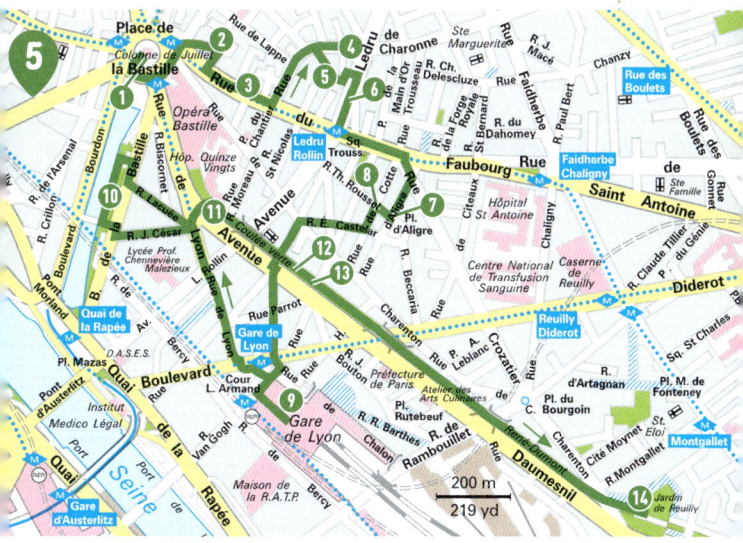

❽ Le Baron Rouge

einem Gläschen Wein und ein paar Austern lässt sich dann gut im ❽ Le Baron Rouge ➤ S. 87 eine Pause einlegen.

EIN BAHNHOF, EIN HAFEN, EIN VIADUKT

❾ Gare de Lyon

Auf solche Weise gesättigt, kommst du *über die Rue Emilio Castelar und die Rue Traversière zur* ❾ Gare de Lyon, dem wohl schönsten Bahnhof der Stadt mit dem legendären Restaurant Le Train Bleu ➤ S. 79. *Die Rue de Lyon und die Rue Jules César führen dann weiter*

❿ Bassin de l'Arsenal

zum malerischen Hafenbecken ❿ Bassin de l'Arsenal. Ein fast maritimes Gefühl kommt hier auf, wenn man auf die Vielzahl der vor Anker liegenden Yachten blickt. *Zurück über die Rue Lacuée kommst du an der Avenue Daumnesnil* dann zum Höhepunkt deines Spazier-

⓫ Coulée verte René-Dumont

gangs: Die ⓫ Coulée verte René-Dumont ➤ S. 55 ist eine 4,5 km lange, stillgelegte und nun üppig begrünte Eisenbahntrasse, die von der Bastille zum Wald von Vincennes führte. Im ersten, 1,5 km langen Stück sind die roten Ziegelbögen des ehemaligen Eisenbahnviadukts verglast worden und bieten nun Raum für Kunsthandwerkateliers aller Art.

EIN HALBES HUNDERT TOLLER LÄDEN

Während in den unteren Läden produziert und verkauft wird, kann man auf dem begrünten Dach spazieren gehen. *Treppenaufgänge, über die man die 9 m hochsteigen kann, gibt es genügend.* Die über 50 Verkaufsate-

⓬ Viaduc des Arts

liers des ⓬ Viaduc des Arts ➤ S. 100 arbeiten ausschließlich mit edlen Materialien. Modedesigner, Goldschmiede, Bilderrestauratoren, Glasbläser und viele Läden, die eher zu Kunst als zu Kunsthandwerk zu zählen sind, wechseln sich ab: Außergewöhnlich ist der (Schmuck-)Designer Tzuri Gueta (Nr. 1), der u. a. Silikonobjekte herstellt, die Unterwassergewächsen ähneln. Auch Cécile et Jeanne (Nr. 49) fertigen interessanten Schmuck. Wenn du zufällig gerade im Lotto gewonnen hast, kannst du dir bei Serge Amoruso (Nr. 37) deine individuelle Handtasche oder bei 🌂 Heurtault (Nr. 85) deinen persönlichen Regenschirm entwerfen und anfertigen lassen. So viel Shopping macht hungrig. Am besten nimmst du gleich vor Ort Platz im

⓭ **Viaduc Café** *(tgl. | Nr. 41–43 | Tel. 01 44 74 70 70 | leviaduc-cafe.com | €).*

EIN PARK IM ZWEITEN STOCK

Frisch gestärkt steigst du aufs „Dach" des Viadukts und wirst über den urbanen Wanderweg staunen. Zwischen Rosenstöcken, Lavendel und plätscherndem Wasser hast du einen außergewöhnlichen Blick auf die dich

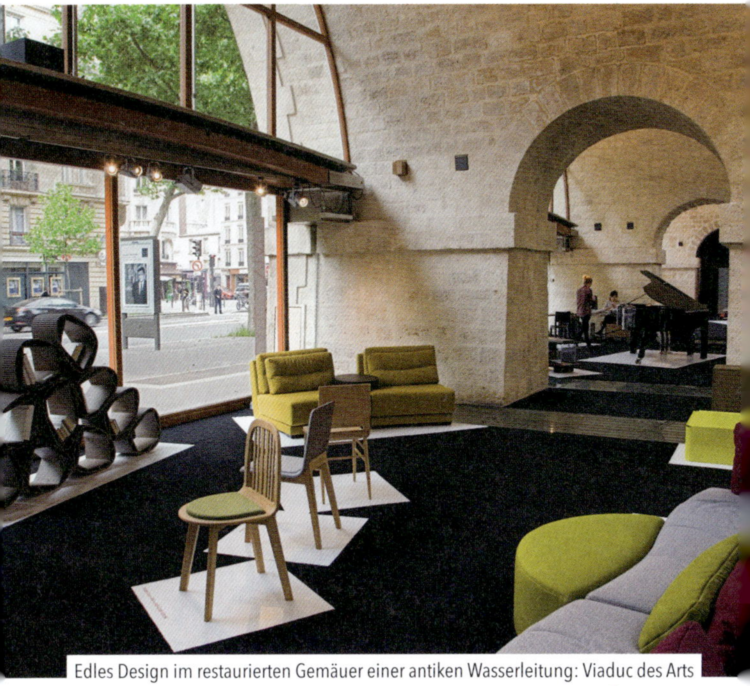

Edles Design im restaurierten Gemäuer einer antiken Wasserleitung: Viaduc des Arts

umgebende Stadtlandschaft. *Der weitere Weg Richtung Osten* führt dich dann zum kleinen Park ⓮ **Jardin de Reuilly**, den eine Fußgängerbrücke überspannt und in dem sich die Bewohner des Viertels im Sommer gerne entspannen. Schließ dich ihnen ruhig an, bevor du dich auf den Rückweg machst.

GUT ZU WISSEN

DIE BASICS FÜR DEINEN STÄDTETRIP

ANKOMMEN

AUSKUNFT VOR DER REISE

Bei der Französischen Zentrale für Tourismus *Atout France (france.fr)* findest du viele nützlich Informationen, und auf der Internetseite des *Office du Tourisme et des Congrès de Paris (paris info.com)* kannst du Unterkünfte und Aktivitäten buchen.

ANREISE

Autofahren macht in Paris so gar keinen Spaß: viel Verkehr, teure Parkplätze, die immer vollstehen, also ewige Parkplatzsuche, Radkrallen und Abschleppwagen für Falschparker. Du kannst nicht aufs Auto verzichten? Dann wähle eine Unterkunft mit Parkplatz oder reserviere einen Platz in einem Parkhaus *(parkingsdeparis.com/DE)*. Die kostenpflichtigen Autobah-

nen (Tempolimit 130 km/h) münden alle auf die chaotische Ringautobahn Boulevard Périphérique, kurz Périph, mit ihren 38 Portes, an denen man auf- und abfahren kann.

Achtung: Seit 2017 gilt in Paris eine Vignettenpflicht für fast alle Fahrzeuge. Diese Umweltplakette ist in sechs verschiedenen Ausführungen zu haben. Wochentags von 8 bis 20 Uhr gibt es Fahrbeschränkungen, die in den kommenden Jahren immer mehr Fahrzeuge betreffen werden (s. S. 22/23). Die Plakette muss gut sichtbar von innen an der Windschutzscheibe kleben, sonst droht ein Bußgeld von 68 Euro. Kosten: 4,21 Euro, online bestellbar über die Website des französischen Umweltministeriums: *certificat-air.gouv.fr*.

Es gibt zahlreiche Fernbusverbindungen zu Schnäppchenpreisen. Der Klassiker *Eurolines (eurolines.de)* kommt am internationalen Fernbusbahnhof

Gallieni (M 3 Gallieni) an. Flixbus (flix bus.de) steuert gleich 15 Haltestellen in und um Paris an.

Die Hochgeschwindigkeitszüge TGV und ICE aus Süddeutschland kommen an der Gare de l'Est an, der TGV Lyria aus der Schweiz an der Gare de Lyon, und der Schnellzug Thalys aus Köln endet an der Gare du Nord. Frühbucher bekommen bei der Bahn (bahn. de) Angebote ab 39 Euro, grenznahe Verbindungen sind u. U. noch günstiger. Interessante Angebote findest du auch auf der deutschen Website der französischen Bahn: de.oui.sncf. Alle Bahnhöfe haben Anschluss an den Nahverkehr: Tickets gibt es in den Speisewagen der Züge.

Hin- und Rückflug bekommst du bei vielen Airlines für unter 100 Euro. Linienflüge aus Deutschland, Österreich und der Schweiz landen entweder auf dem nördlich von Paris liegenden Flughafen Roissy-Charles-de-Gaulle (CDG) oder auf dem südlich der Stadt gelegenen Orly (ORY).

Vom und zum Flughafen kommst du mit den öffentlichen Verkehrsmitteln der RATP (ratp.fr):

Schnell und zuverlässig, wenn nicht gerade gestreikt wird oder ein Unfall den Verkehr verzögert: Der Vorstadtzug RER B fährt alle paar Minuten von CDG über Paris nach Antony, von wo aus die Kleinbahn Orlyval zum Flughafen Orly fährt. CDG–Paris: kurz vor 5 Uhr bis kurz vor 24 Uhr | Fahrtzeit 30–40 Min. | 10,30 Euro. ORY–Paris: 6–23 Uhr | Fahrtzeit 40 Min. | 12,10 Euro (RER plus Orlyval).

Der Roissy- und der Orly-Bus fahren ohne Zwischenstopp nach Paris, bei Stau kann es allerdings schon mal länger dauern. CDG–Opéra: 6–0.30 Uhr (umgekehrt ab 5.15) alle 15–20 Min. | Fahrtzeit 60–75 Min. | 12 Euro. ORY–RER- und Métrostation Denfert-Rochereau: 6–0.30 Uhr (umgekehrt 5.35–24

Uhr) alle 8–15 Min. | Fahrtzeit 30–40 Min. | 8,30 Euro. WLAN an Bord.

Von Paris zum Flughafen CDG fahren außerdem die Linienbusse 350 (Gare de l'Est) und 351 (Nation) sowie die Nachtbusse N140 und N143. Nach ORY fahren der Linienbus 183 (Porte de Choisy), die Tram 7 und die Nachtbusse N22, N31, N131, N144. Sie sind etwas günstiger, aber mit längerer Fahrtzeit durch viele Zwischenstopps.

Die schicken neuen Flughafenbusse von *Le bus direct (lebusdirect.com)* sind mit WLAN und USB-Anschlüssen ausgestattet. *CDG: 18 Euro, ORY: 12 Euro*

Taxi: Eine Fahrt in die Innenstadt kostet 50–55 Euro von CDG und 30–35 Euro von ORY.

MOBIL SEIN

ÖFFENTLICHER NAHVERKEHR

Wenn es schnell gehen soll, nimmst du am besten die Métro oder die im Stadtgebiet unterirdisch fahrende S-Bahn (RER). Achtung, nichts für schwer Bepackte, da beim Umsteigen in einigen Stationen lange Fußwege mit vielen Treppen zurückgelegt werden müssen.

Wenn du Zeit hast und etwas von der Stadt sehen willst, dann sind Bus und Tram perfekt. Besonders zu empfehlen sind die Buslinien 73 (Arc de Triomphe, Champs-Élysées, Place de la Concorde, Musée d'Orsay) und 21 (Opéra Garnier, Palais Royal, Louvre, Île de la Cité, St-Michel, Jardin du Luxembourg, Rue Mouffetard). ☎ Eine kleine Stadtrundfahrt kostet auf diese Weise gerade mal 1,90 Euro!

INSIDER-TIPP
Ganz Paris für nicht mal eine Münze

Métro und RER fahren von 5.30 bis 1.15 Uhr, Fr/ Sa und vor Feiertagen eine Stunde länger. Busse fahren, je nach Linie, morgens erst etwas später und stellen ihren Service abends schon eher ein. Zwischen 0.30 und 5.30 Uhr verkehren Nachtbusse *(noctilien)*. Genaue Fahrpläne aller Métro-, RER-, Tram- und Buslinien an allen Stationen und unter *ratp.fr* oder über die App der RATP.

Die Einzelfahrscheine *ticket t+* gelten im Stadtgebiet für Métro, RER, Tram und Busse. In Métro und RER kannst du damit 2 Std. lang beliebig oft umsteigen. Bus und Tram kannst du 1,5 Std. nutzen und ebenfalls beliebig oft umsteigen. Achtung: Das Umsteigen von Métro/RER in einen Bus oder eine Tram kostet dich einen weiteren Einzelfahrschein.

Fahrscheine gibt es in Tabac-Geschäften mit dem Ticketzeichen, in allen

Métro- und RER-Stationen sowie direkt beim Busfahrer (10 Cent Aufschlag, gültig nur im jeweiligen Bus). Der Einzelfahrschein kostet 1,90 Euro (Nachtbus je nach Entfernung 1–5 Einzelfahrscheine). Günstiger ist ein Zehnerblock *(carnet)* für 14,90 Euro. 😎 Kinder bis vier Jahre fahren gratis, für Kinder zwischen vier und zehn Jahren gilt einen ermäßigter Tarif.

Eine Tageskarte *Carte Mobilis* für Paris kostet 7,50 Euro. Die Karte *Paris Visite* kostet pro Tag 12 Euro für Paris und die nahe Vorstadt und 25,25 Euro für alle Zonen; sie bietet zusätzlich Preisnachlässe bei einigen Sehenswürdigkeiten.

Wenn du länger in Paris bleiben willst, lohnt sich die Karte *Paris Navigo Découverte* (22,80 Euro/Woche, 75,20 Euro/Monat plus 5 Euro für die Karte, und du brauchst ein Passbild). Damit kannst du an allen Wochentagen in allen Zonen so oft fahren, wie du magst. Die Karte ist allerdings immer nur ab Wochen- bzw. Monatsanfang gültig.

LEIHRÄDER

Um Paris mit dem Fahrrad zu entdecken, nimmst du ein *Vélib'* (velib-me tropole.fr). 2018 wurde der gesamte Fuhrpark erneuert. An den rund 1400 Stationen können nun auch E-Bikes (in Blau) geliehen werden. Bei dem grünen Vélib'-Modell musst du weiterhin selbst strampeln. Ein Tagesabo kostet 5 Euro Grundgebühr, für eine ganze Woche zahlst du 15 Euro und kannst bis zu fünf Räder gleichzeitig ausleihen. Anschließend ist die erste halbe Stunde auf einem normalen

Fahrrad gratis, jede weitere halbe Stunde kostet 1 Euro pro Rad.

Für ein E-Bike kostet die erste halbe Stunde 1 Euro und jede weitere halbe Stunde 2 Euro. Eine Vélib'-Station findest du circa alle 300 m. Übrigens, wenn der Sattel eines geparkten Fahrrads umgedreht ist, bedeutet dies, dass der letzte Fahrer das Rad für fahruntauglich befunden hat. Sehr praktisch: Die Vélib'-App, die anzeigt, wo die nächste Station ist und wie viele Räder es dort gerade gibt.

Ganz ohne Station kommen die privaten Anbieter *Mobike (mobike.com)* und *Donkey Republic (donkey.bike)* aus, die Vélib' seit 2017 Konkurrenz machen. Die halbe Stunde kostet zwischen 0,50 und 1,50 Euro. Orten, entriegeln und zahlen kannst du die Räder über die jeweilige App.

An vielen Ampeln gibt es kleine Schilder, die den Fahrradfahrern signalisieren, dass sie auch bei Rot rechts abbiegen oder geradeaus weiterfahren dürfen.

FEIERTAGE

1. Jan.	Neujahr
5. April 2021, 18. April 2022	Ostermontag
1. Mai	Tag der Arbeit
8. Mai	Ende des 2. Weltkriegs
13. Mai 2021, 26. Mai 2022	Himmelfahrt
14. Juli	Nationalfeiertag
15. Aug.	Mariä Himmelfahrt
1. Nov.	Allerheiligen
11. Nov.	Waffenstillstand 1918
25. Dez.	Weihnachten

E-TRETROLLER

Kurze Strecken im Zentrum kannst du perfekt mit einem elektrischen Tretroller zurücklegen. Als der Trend von Amerika nach Europa rüberschwappte, haben gleich mehrere Anbieter ihre E-Tretroller an der Seine abgestellt: *Lime (li.me)*, *Bird (bird.co)* und *Bolt (bolt.eu)* waren die ersten. Über die jeweilige App kannst du die Roller in der Stadt lokalisieren und entsperren. Der Preis ist bei allen gleich: 1 Euro Grundgebühr plus 15 Cent/Minute.

E-MOTORROLLER

Über ganz Paris verteilt stehen dir mehrere Tausend elektrische Motorroller zur Verfügung. Bei *Cityscoot (cityscoot.eu)* kostet dich die Minute zwischen 20 und 28 Cent. Für längere Fahrten bietet sich die Konkurrenz *Coup (joincoup.com)* an, denn hier zahlst du 4 Euro und kannst bis zu 30 Minuten lang fahren. Für 10 Zusatzminuten bucht die App 1 Euro ab.

TAXI

Taxis kosten maximal 4 Euro Grundgebühr und zwischen 1,07 und 1,56 Euro pro km (je nach Tageszeit) bei einem Mindesttarif von 7,10 Euro. Zusatzkosten für Reservierung, Wartezeit und mehr als vier Fahrgäste, nicht für Gepäck. Festpreise nur für Fahrten zum Flughafen (s. S. 148). Mit der App „Paris Taxis" der Stadt Paris kannst du ein Taxi bestellen und die Fahrt bewerten, gezahlt wird beim Fahrer.
– *Taxi G7: Tel. 01 47 39 47 39 | g7.fr.* App mit integrierter Bezahlfunktion.

VTC

Fahrten mit einem Fahrdienstvermittler, in Frankreich V.T.C. *(Voiture de Tourisme avec Chauffeur)* genannt, kannst du über die entsprechenden Apps buchen und bezahlen (Schnäppchen für Frühbucher): *Uber (uber. com)* | *leCab (Tel. 01 76 49 76 49 | lecab.fr)* | *Marcel (Tel. 01 70 95 14 15 | marcel.cab)* | *Chauffeur Privé (chauffeur-prive.com)*.

VOR ORT

AUSKUNFT IN PARIS

Die Infopoints der Touristinformation: Hauptbüro: *Hôtel de Ville (29, Rue de Rivoli | 4. Arr. | M 1, 11 Hôtel de Ville | tgl. 9–19 Uhr)*
Gare du Nord (18, Rue de Dunkerque | 10. Arr. | M 4, 5 u. RER B, D Gare du Nord | tgl. 8.30–18.30 Uhr)
Carrousel du Louvre (99, Rue de Rivoli | 1. Arr. | M 1, 7 Palais Royal-Musée du Louvre | Mi–Mo 10–20, Di 11–20 Uhr)

TELEFON & HANDY

Pariser Festnetznummern fangen mit 01 an, mit Ausnahme der Festnetznummern von Internetanbietern, die beginnen landesweit mit 09. Handynummern beginnen mit 06 oder 07, wenn es sich um neuere Nummern handelt, und Sondernummern mit 08. Internationale Vorwahl für Deutschland: 0049, für Österreich: 0043, für die Schweiz: 0041; dann die Nummer ohne die erste Null. Aus dem Ausland muss 0033 für Frankreich gewählt werden (auch hier entfällt die erste Null).
Dein Handy, auf Französisch *le portable,* kannst du an den meisten Pariser Bushaltestellen mit einem USB-Kabel

aufladen. Du willst lieber ein Gläschen trinken, während dein Handy lädt?

Dann lade dir die App „Zecharger" runter, die dir die nächste Bar mit schnurloser Ladestation anzeigt.

INTERNETZUGANG & WLAN

An rund 300 öffentlichen Plätzen, Parks oder Gebäuden wie Bibliotheken oder etwa im Centre Pompidou gibt es 🐭 kostenloses WLAN, auf Französisch *wifi*.

Immer mehr Cafés, Bars und Restaurants sowie Hotels und Jugendherbergen haben einen 🐭 kostenlosen Internetzugang *(wifi gratuit)*. Auch einige Métro- und RER-Stationen verfügen über Gratis-WLAN, allerdings bisher nur in bestimmten Zonen. In der Metro selbst herrscht unterirdisch über weite Strecken völlige Funkstille.

POST

Die Hauptpost hat 2019 nach vier Jahren Grundsanierung wieder ihre historische Adresse bezogen: *52, Rue du Louvre | 1. Arr. | M 4 Les Halles | la poste.fr | Mo–Sa 8–6, So 10–6 Uhr*.
Postkarten und Briefe bis 20 g in die EU und die Schweiz kosten 1,20 Euro

KARTENVORVERKAUF

Entweder du gehst in eine der elf Pariser Filialen von *Fnac*, oder du bestellst unter *fnacspectacles.com*.
Etwas teurer, dafür auf Deutsch: *Paris Spectacles Kartenservice Peter Müller (paris-spectacle.de)*.
🐭 Konzert- und Theaterkarten zu ermäßigten Preisen gibt es unter *billet*

reduc.com in der Rubrik „Réductions". Besser geht's nicht? Doch! In der Rubrik „Invitations" kannst du für ausgewählte Veranstaltungen Freikarten herunterladen.

WAS KOSTET WIE VIEL?

Kaffee	1–8 Euro *für einen Espresso*
Snack	2,50–6 Euro *für ein Sandwich mit Schinken*
Wein	4,50–20 Euro *für ein Glas Tafelwein*
Métro	1,90 Euro *für die einfache Fahrt*
Souvenir	17,10 Euro *für 6 Macarons von Ladurée*
Taxi	8,50 Euro *für eine Kurzfahrt von ca. 4 km*

VERANSTALTUNGSTIPPS

Immer am Mittwoch am Zeitungskiosk: der Veranstaltungskalender „L'officiel des spectacles" (0,70 Euro), den es auch als App gibt *(offi.fr)*

STADTFÜHRUNGEN

Klar, es gibt Sightseeing-Busse: *big bustours.com/de/paris* oder *paris.opentour.com*, doch das ist nicht alles:

SEINE-FAHRTEN

Unzählige Touristenboote warten nur darauf, dich an Eiffelturm, Louvre und Notre-Dame vorbeizuschippern. Du hast die Wahl zwischen Aussichts- und Restaurantfahrten. Legendär sind die *Bateaux Mouches (bateaux-mouches. fr): April–Sept. 10.15–22.30 (alle 30 Min.), Okt.–März Mo–Fr 11–21.20, Sa/ So 10.15–21.20 Uhr (alle 40 Min.) | Abfahrt: Port de la Conférence, Pont de l'Alma (8. Arr.) | M 9 Alma-Marceau | Fahrtdauer: 70 Min. | 14 Euro, mit Mittagessen 60 Euro, mit Abendessen ab 75 Euro.*

Oder du nimmst ein *Batobus (batobus. com).* Das sind Fährschiffe mit acht Haltestellen, an denen Sie ein- und aussteigen können, wie es beliebt. Frequenz und Abfahrtszeiten variieren je nach Jahreszeit: *Ende April–Anfang Sept. 10–21.30 Uhr (alle 25 Min.), den Rest des Jahres 10–17 bzw. 19 Uhr (alle 30–40 Min.) | Tageskarte 17 Euro.*

PARIS À VÉLO

Paris will sich zur Fahrradhauptstadt herausputzen. Die neue Infrastruktur nutzen auch immer mehr Fremdenführer. Führungen auf Deutsch gibt es z. B. bei *Paris Bike Tour (ab 36 Euro | 13, Rue Brantôme | 3. Arr. | M 11 Rambuteau | Tel. 01 42 74 22 14 | paris biketour.net)*

AUF VIER RÄDERN UNTER EINEM REGENSCHIRM 🌂

Ein Klassiker: Mit der Ente (2 CV) von Sehenswürdigkeit zu Sehenswürdigkeit. Die Chauffeure von *4 roues sous 1 parapluie (Touren ab 20 Euro/Person | Tel. 01 58 59 27 82 | 4roues-sous-1pa rapluie.com)* spulen nicht nur monoton ihren Text ab, sondern haben außerdem viele Tipps auf Lager, auch auf Deutsch.

SIGHTRUNNING

Du hast dir vorgenommen, im Urlaub etwas Sport zu treiben? Dann lauf doch mal eine Runde mit der Deutschen Lea Clara Hofmann und lass dir von ihr die Geschichte ihrer Wahlheimat erzählen. *Termine n. V. | ca. 2 Std. | 50 Euro | Treffpunkt: Gustave-Eiffel-Büste am Nordpfeiler des Eiffelturms (RER C Champ de Mars / Tour Eiffel) | Tel. 06 45 34 82 82 | sightrunningparis. com.*

ZOLL

Innerhalb der Europäischen Union gelten die folgenden Freimengen für den persönlichen Gebrauch: 800 Zigaretten, 1 kg Tabak, 10 l Spirituosen. Für Wein gibt es nach Deutschland keinen Grenzwert, nach Österreich sind es 90 l, davon maximal 60 l Schaumwein.

Bei der Einfuhr aus der EU in die Schweiz können bis zu einem Gesamtwert von 300 Franken 5 l Getränke mit einem Alkoholgehalt bis zu 18 Prozent und 1 l mit einem höheren Alkoholgehalt sowie 250 Zigaretten zollfrei eingeführt werden.

NOTFÄLLE

NOTRUFE

- *Krankenwagen (Samu): Tel. 15*
- *Polizei: Tel. 17*
- *Feuerwehr, erste Hilfe: Tel. 18*
- *Notarzt (SOS Médecins): Tel. 01 47 07 77 77*
- *Zahn-Notdienst: Tel. 01 43 37 51 00*

DIPLOMATISCHE VERTRETUNGEN

Konsularabteilung der Bundesrepublik Deutschland:
28, Rue Marbeau | 16. Arr. | Tel. 01 53 64 76 70 | 24-Std.- Notfalltelefon 01 53 83 45 00 | M 1 Porte Maillot | Mo–Fr 9–11.45 Uhr, Notfälle ab 8.30 Uhr
Konsulat der Republik Österreich:
17, Av. de Villars | 7. Arr. | Tel. 01 40 63 30 90 | 24-Std.-Notfalltelefon +43 19 01 15 44 11 | M 8, 13 Invalides | RER C Invalides | Mo–Fr 9–12 Uhr
Konsulat der Schweiz:
142, Rue de Grenelle | 7. Arr. | Tel. 01 49 55 67 00 | 24-Std.-Notfalltelefon +41 8 00 24 73 65 | M 13 Varenne | Mo–Fr 9–12 Uhr

FUNDBÜRO (BUREAU DES OBJETS TROUVÉS)

36, Rue des Morillons | 15. Arr. | Tel. 08 21 00 25 25 (*) | M12 Convention | Mo–Fr 8.30–16 Uhr

GESUNDHEIT

EU-Staatsbürger haben mit der European Health Insurance Card (EHIC) auf der Rückseite ihrer jeweiligen Krankenversicherungskarte das Recht auf die gleichen Gesundheitsleistungen wie Franzosen. Du kannst also Arztkosten zur Erstattung bei der französischen Sozialversicherung einreichen, die jedoch in der Regel nicht den vollen Betrag erstattet. Der Abschluss einer Reisekrankenversicherung ist daher zu empfehlen.

Apotheken *(pharmacie)* sind durch ein grünes Kreuz gekennzeichnet und haben meist montags bis samstags bis 20 Uhr geöffnet, oft länger. Welche Apotheken nachts und am Wochenende geöffnet haben, erfährst du unter *monpharmacien-idf.fr*.

WETTER IN PARIS

Hauptsaison
Nebensaison

	JAN.	FEB.	MÄRZ	APRIL	MAI	JUNI	JULI	AUG.	SEPT.	OKT.	NOV.	DEZ.
Tagestemperaturen	6°	7°	12°	16°	20°	23°	25°	24°	21°	16°	10°	7°
Nachttemperaturen	1°	1°	4°	6°	10°	13°	15°	14°	12°	8°	5°	2°
☀	2	3	5	7	7	7	7	7	6	4	2	2
🌧	12	10	8	9	9	9	9	9	9	8	10	10

☀ Sonnenschein Stunden/Tag   🌧 Niederschlag Tage/Monat

SPICKZETTEL
FRANZÖSISCH

ja/nein/vielleicht	oui/non/peut-être	ui/nong/pöhtätr
bitte	s'il vous plaît	ßil wu plä
danke	merci	märßih
Gute(n) Morgen!/Tag!/Abend!/Nacht!	Bonjour!/Bonjour!/Bonsoir!/Bonne nuit!	bongschuhr/bongschuhr/bongßoar/bonn nüi
Hallo!/Tschüss!/Auf Wiedersehen!	Salut!/Salut!/Au revoir!	ßalü/ßalü/o rövoar
Ich heiße …	Je m'appelle …	schö mapäll …
Ich komme aus …	Je suis de …	schö süi dö …
Entschuldigung!	Pardon!	pardong
Wie bitte?	Comment?	kommang
Das gefällt mir (nicht).	Ça (ne) me plaît (pas).	ßa (nö) mö plä (pa)
Ich möchte …	Je voudrais …	schö wudrä
Haben Sie?	Avez-vous?	aweh wu

ZEIGEBILDER

ESSEN & TRINKEN

Die Speisekarte, bitte.	La carte, s'il vous plaît.	la kart ßil wu plä
Könnte ich bitte … haben?	Puis-je avoir … s'il vous plaît?	püischö awoar … ßil wu plä
Flasche/Karaffe/Glas	bouteille/carafe/verre	buteij/karaf/wär
Messer/Gabel/Löffel	couteau/fourchette/cuillère	kutoh/furschät/küijär
Salz/Pfeffer/Zucker	sel/poivre/sucre	ßäl/poawr/ßükr
Essig/Öl	vinaigre/huile	winägr/üil
Milch/Sahne/Zitrone	lait/crème/citron	lä/kräm/ßitrong
mit/ohne Eis/Kohlensäure	avec/sans glaçons/gaz	awäk/ßang glaßong/gaß
Vegetarier(in)	végétarien(ne)	weschetarijäng/weschetarijänn
Ich möchte zahlen, bitte.	Je voudrais payer, s'il vous plaît.	schö wudrä pejeh ßil wu plä

NÜTZLICHES

Wo ist …?/Wo sind …?	Où est …?/Où sont …?	u ä …/u ßong …
Wie viel Uhr ist es?	Quelle heure est-il?	käl ör ät il
heute/morgen/gestern	aujourd'hui/demain/hier	oschurdüi/dömäng/jähr
Wie viel kostet …?	Combien coûte …?	kombjäng kuht …
Wo finde ich einen Internetzugang/WLAN?	Où puis-je trouver un accès à internet/wi-fi?	u püische truweh äng akßä a internet/wifi
Hilfe!/Achtung!	Au secours!/Attention!	o ßökuhr/attangßjong
Fieber/Schmerzen	fièvre/douleurs	fiäwrö/dulör
Apotheke/Drogerie	pharmacie/droguerie	farmaßi/drogöri
offen/geschlossen	ouvert/fermé	uwär/färmeh
gut/schlecht	bon/mauvais	bong/mowä
links/rechts/geradeaus	à gauche/à droite/tout droit	a gohsch/a droat/tu droa
Panne/Werkstatt	panne/garage	pann/garahsch
Fahrplan/Fahrschein	horaire/billet	orär/bije
0/1/2/3/4/5/6/7/8/9/10/100/1000	zéro/un, une/deux/trois/quatre/cinq/six/sept/huit/neuf/dix/cent/mille	sero/äng, ühn/döh/troa/katr/ßänk/ßiß/ßät/üit/nöf/diß/ßang/mil

PARIS FEELING

ZUM EINSTIMMEN & AUSKLINGEN

LESESTOFF & FILMFUTTER

750 YEARS IN PARIS

Keine Sorge, dieses Buch ist kein dicker Geschichtswälzer, im Gegenteil! Es erzählt die Geschichte von Paris anhand eines einzigen Hauses – ganz ohne Worte: Der Illustrator Vincent Mahé hat 60-mal dasselbe Gebäude im Wandel der Zeit von 1265 bis zum Attentat gegen Charlie Hebdo 2015 gezeichnet. Eine Zeitreise in Bildern

BARFUSS IN PARIS

Lass dich von dem clownesken Pärchen Dominique Abel und Fiona Gordon (auch Regie) durch Paris führen! Es ist die poetisch-komische Geschichte einer kanadischen Bibliothekarin, die auf der Suche nach ihrer alten Tante einem Pariser Obdachlosen begegnet. Der Film von 2017 zeigt das Paris auf und unter den Brücken, die Stadt der Lichter und der Schatten

MISSION IMPOSSIBLE – FALLOUT

Im sechsten Teil der Actionfilmreihe (2018) überfliegt Geheimagent Ethan Hunt (Tom Cruise) den Eiffelturm, rast um den Triumphbogen, landet per Fallschirm auf dem Grand Palais und schippert per Boot auf unterirdischen Kanälen. All das, um die Welt zu retten

PLAYLIST QUERBEET

0:58

❚❚ CAMILLE – PARIS
Die Sängerin will Paris mit seinen dreckigen Bürgersteigen verlassen und kehrt doch wieder zurück

▶ SETH GUEKO, NEKFEU & OXMO PUCCINO – TITI PARISIEN
Eine Hommage der drei französischen Rapper an Paris, aufgezeichnet nach den Attentaten vom 13. November 2015

▶ RYADH – JE T'AIME
Es gibt Tausend Gründe, Paris zu hassen, aber ebenso viele, die Stadt zu lieben

▶ JACQUES DUTRONC – PARIS S'ÉVEILLE
Paris frühmorgens, wenn die Liebenden erschöpft und die Stripperinnen wieder angezogen sind

▶ JOE DASSIN – LES CHAMPS-ÉLYSÉES
Eine Ode an die Prachtstraße

Den Soundtrack zum Urlaub gibt's auf **Spotify** unter **MARCO POLO Paris**

Oder Code mit Spotify-App scannen

AB INS NETZ

SO MANY PARIS
Eine Weltreise in 20 Arrondissements: Die Pariserinnen Clara und Constance sind während ihrer Studienjahre viel gereist. Nun leben sie ihr Fernweh in diesem preisgekrönten Blog aus. Eine super Fundgrube für exotische Adressen (somanyparis.com)

INA – PARIS VINTAGE
Das französische Fernseharchiv, L'Institut National de l'Audiovisuel, kurz INA, veröffentlicht auf diesem Youtube-Kanal regelmäßig historische Bilder der französischen Hauptstadt

3 MOTS POUR PARIS
„3 Wörter für Paris" ist eine interaktive Seite, auf der du deinen Paris-Film selbst erstellen kannst, indem du drei Wörter eingibst, die du mit der Stadt verbindest. Die Seite gibt es auf Französisch und Englisch (3motspour.paris)

QUE FAIRE À PARIS
Wenn du wissen willst, was in Paris gerade so los ist, ist dieser Veranstaltungskalender perfekt! Veranstalter, Vereine und Privatpersonen listen hier aktuelle Events auf (quefaire.paris)

TRAVEL PURSUIT

DAS MARCO POLO URLAUBSQUIZ

Weißt du, wie Paris tickt? Teste hier dein Wissen über die kleinen Geheimnisse und Eigenheiten von Stadt und Leuten. Die Lösungen findest du in der Fußzeile. Und ganz ausführlich auf den S. 20–25.

❶ Wie viele Métrostationen gibt es in Paris?
a) Um die 700
b) Über 300
c) Knapp 500

❷ Was ist der „Plan Vigipirate"?
a) Sicherheitsmaßnahmen zur Vermeidung von Terroranschlägen
b) Ein Programm zur Ankurbelung der lokalen Wirtschaft
c) Eine Maßnahmenkatalog für eine umweltfreundlichere Stadt

❸ Wer meinte, das Berlin nicht mit Paris mithalten könne?
a) Napoleon Bonaparte
b) Friedrich der Große
c) Der Sonnenkönig Ludwig XIV.

❹ Wann ändert der Heißluftballon im Parc André Citroën seine Farbe auf Rot?
a) Am Valentinstag
b) Bei Terroralarm
c) Bei hoher Luftverschmutzung

❺ Was bekommst du, wenn du eine *carafe d'eau* bestellst?
a) Sprudel
b) Stilles Wasser
c) Leitungswasser

❻ Wann fand in Paris die erste öffentliche Filmvorführung statt?
a) 1859
b) 1895
c) 1903

ARTS ET MÉTIERS

Die kupferglänzende Métrostation Arts et Métiers soll an Jules Vernes „Nautilus" erinnern

❼ Was bedeutet die Maxime der Stadt: „Fluctuat nec mergitur"?
a) Sie schwankt, aber geht nicht unter
b) Flüchtlinge sind willkommen
c) Auf die Flut folgt die Ebbe

❽ Bis wann sollen alle Dieselfahrzeuge aus der Stadt verbannt werden?
a) 2024
b) 2035
c) 2040

❾ Warum picknicken die Pariser so gerne?
a) Weil es schwer ist, ohne Reservierung irgendwo einen Platz zu bekommen
b) Weil die Preise in den Bars und Restaurants so hoch sind
c) Tun sie gar nicht, ein Pariser würde sich nie auf den Boden setzen

❿ Die Champs-Élysées …
a) … sind seit 2019 komplett für den Autoverkehr gesperrt
b) … dürfen nur mit Sondergenehmigung befahren werden
c) … sind an einem Sonntag im Monat autofrei

⓫ Wann fanden die letzten Olympischen Spiele in Paris statt?
a) 1984
b) 1900
c) 1924

⓬ Was verdankt Paris dem britischen Mäzen Richard Wallace?
a) Straßenlaternen
b) Trinkbrunnen
c) Hundeklos

REGISTER

LOB ODER KRITIK? WIR FREUEN UNS AUF DEINE NACHRICHT!

Trotz gründlicher Recherche schleichen sich manchmal Fehler ein. Wir hoffen, du hast Verständnis, dass der Verlag dafür keine Haftung übernehmen kann.

MARCO POLO Redaktion • MAIRDUMONT • Postfach 31 51 73751 Ostfildern • info@marcopolo.de

Impressum

Titelbild: Pont Alexandre II (Schapowalow Images: A. Saffo)

Fotos: DuMont Bildarchiv: F. Heuer (10, 17, 21, 24, 145); R. Freyer (107); R. M. Gill (45); Huber-images: A. Bartuccio (58), M. Carassale (49); huber-images: F. Carovillano (11); Huber-images: G. Cozzi (160/161); huber-images: Cristofori (41); Huber-images: H. P. Huber (2/3); huber-images: Kremer (34/35), S. Kremer (6/7, 14/15, 68/69), H. - P. Merten (12/13); Huber-images: A. Saffo (32, huber-images: A. Saffo (63); Huber-images: G. Simeone (52), L. Vaccarella (124/125); H. Krinitz (37, 54, 64); Laif: S. Henkelmann (113); Laif/Hemis: L. Orteo (122/123); Laif/hemis.fr: Escudero (80), B. Gardel (70/71, 76), Sonnet (88/89); Laif/hemis.fr/EXPANSION-REA: J. Chatin (93); Laif/RAPHO (114); Laif/REA: C. Delettre (118/119); Laif/Tripelon: Jarry (86); Look/age fotostock (4); mauritius images: W. Dieterich (158/159); mauritius images/age (38/39); mauritius images/age fotostock: J. Larrea (146/147); mauritius images/Alamy (26/27, 43, 60/61, 95, 97, 98, 100/101, 133), J. Gil (102/103), K. Kalishko (57), J. Kellerman (75, 141), Newzulu (120/121), S. Novikov (9), S. Ohlsen (137), StevanZZ (Klappe vorne außen, Klappe vorne innen, 1), B. Yuanyue Bi (79); mauritius images/Alamy/Capture 11 Photography: J. Braid (66); mauritius images/Alamy/Directphoto Collection (109); mauritius images/Alamy/Photo12;: G. Targat (111); mauritius images/Alamy/Zoonar: K. Kalishko (134); mauritius images/Hemis.fr: A. Chicurel (8), H. Hughes (85), L. Montico (116/117); mauritius images/photononstop: L. Bourdais (130), C. Lehenaff (140); mauritius images/Robert Harding (22); C. Naundorf (46, 50, 83); F. Schwarz (163)

25. Auflage 2020, komplett überarbeitet und neu gestaltet

© MAIRDUMONT GmbH & Co. KG, Ostfildern
Autoren: Gerhard Bläske, Waltraud Pfister-Bläske, Felicitas Schwarz
Redaktion: Arnd M. Schuppius; Bildredaktion: Gabriele Forst
Kartografie: © MAIRDUMONT, Ostfildern (S. 126-127, 129, 132, 136, 139, 143, 154-155, Umschlag innen, Umschlag außen, Faltkarte); © MAIRDUMONT, Ostfildern, unter Verwendung von Kartendaten von OpenStreetMap, Lizenz CC-BY-SA 2.0 (S. 28-29, 31, 42, 48, 53, 56, 62, 67, 72-73, 90-91, 104-105). Als touristischer Verlag stellen wir bei den Karten nur den De-facto-Stand dar. Dieser kann von der völkerrechtlichen Lage abweichen und ist völlig wertungsfrei.
Gestaltung Cover, Umschlag und Faltkartencover: bilekjaeger_Kreativagentur mit Zukunftswerkstatt, Stuttgart;
Gestaltung Innenlayout: Langenstein Communication GmbH, Ludwigsburg
Spickzettel: in Zusammenarbeit mit PONS GmbH, Stuttgart
Konzept Coverlines: Jutta Metzler, bessere-texte.de
Printed in Poland

MIX
Paper from responsible sources
FSC® C018236

MARCO POLO AUTORIN
FELICITAS SCHWARZ

Geplant war nur ein Studienjahr an der Sorbonne. Es wurde jedoch etwas Ernsteres daraus: Heute lebt die Journalistin bereits seit über 15 Jahren in Paris, wo sie u. a. für den Sender Arte arbeitet. Manchmal hat sie die Nase voll von der Enge, dem Lärm und den hohen Preisen, wenn sie dann aber des Nachts über eine der Seine-Brücken radelt, weiß sie wieder, warum sie einst der Stadt verfallen ist.

BLOSS NICHT!

FETTNÄPFCHEN UND REINFÄLLE VERMEIDEN

SELBST DEN PLATZ AUSSUCHEN

Wenn du in ein Restaurant kommst, solltest du möglichst nicht gleich auf einen freien Tisch zustürmen. In Paris ist es üblich, darauf zu warten, vom Kellner an einen Tisch geführt zu werden. Natürlich lässt er mit sich reden, wenn dir der zugewiesene Platz nicht gefällt.

AUF ROLLTREPPEN LINKS STEHEN

Auf den Pariser Rolltreppen gilt ein ungeschriebenes Gesetz: Rechts stehen die, die Zeit haben, links hasten die, die es eilig haben, die Stufen hinauf bzw. hinunter. Hältst du dich nicht daran, setzt es strafende Blicke und genervte „Pardon"-Rufe.

AM ZEBRASTREIFEN AUF STOPPENDE AUTOS WARTEN

Dann kannst du nämlich lange warten. Theoretisch müsste der Pariser Autofahrer zwar anhalten, praktisch tut er dies aber erst, wenn du dich auf seine Kühlerhaube wirfst. Am besten, du folgst einem Einheimischen, der den richtigen Moment abzupassen weiß, um heil über die Straße zu kommen.

DIE MÉTRO-KLAPPSITZE BESETZEN

In vielen Métrolinien befinden sich gleich neben den Türen Klappsitze. Die kannst du nutzen, solange die Métro leer ist, aber wehe, sie füllt sich. Der geübte Métrofahrer erhebt sich dann, um zusteigenden Fahrgästen Platz zu machen. Sonst gibt es nicht nur böse Blicke, sondern auch Stöße mit Handtaschen und Rucksäcken.

ZIGARETTENSTUMMEL AUF DIE STRASSE WERFEN

Denn das kann seit Neustem teuer werden! 350 Tonnen Zigarettenstummel bekamen die Pariser Straßenfeger im Jahr zusammen. Die sollen nun in Geld umgewandelt werden: 68 Euro pro achtlos weggeworfener Kippe.